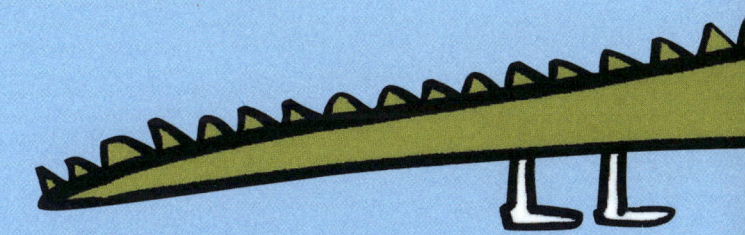

Der große
Mal- & Zeichenspaß
für Kinder

Der große
Mal- &
Zeichenspaß
für
Kinder

Inhaltsverzeichnis

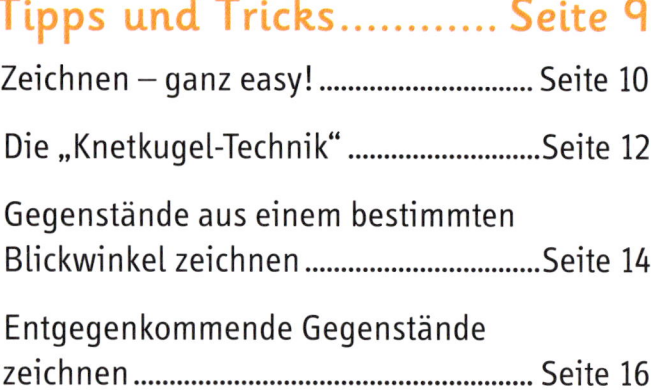

Malen lernen .... Seite 103

Impressum.................Seite 132

Einleitung

Möchtest du mehr über das Zeichnen und Malen erfahren? Dann ist dieses Buch wie geschaffen für dich! Darin zeige ich dir, wie du Farben mischst, perspektivisch zeichnest und mit verschiedenen Materialien tolle Kunstwerke zaubern kannst. Unten siehst du, was du dafür benötigst. Bestimmt findest du einige Utensilien bereits bei dir zu Hause!

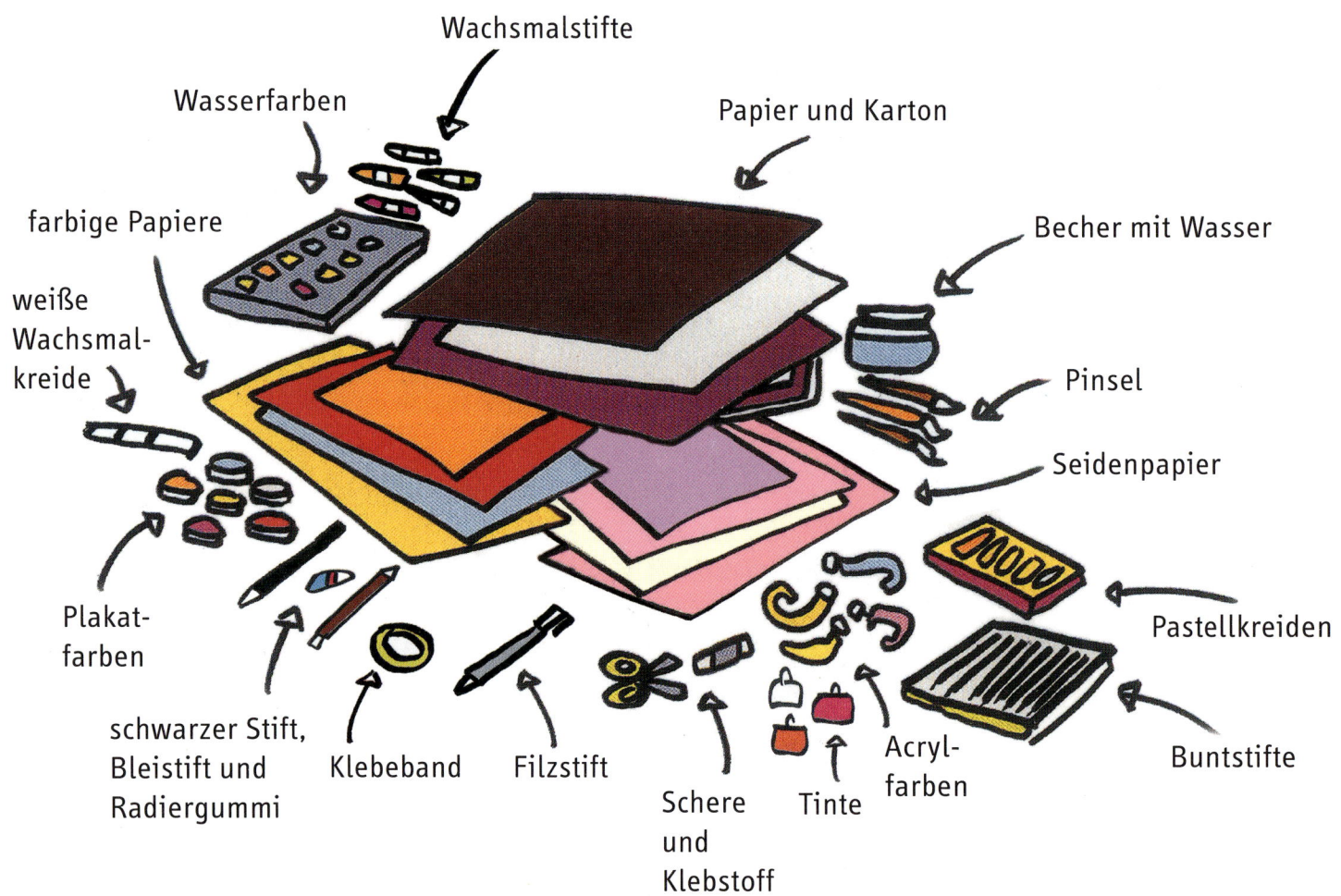

Wachsmalstifte

Wasserfarben

Papier und Karton

farbige Papiere

Becher mit Wasser

weiße Wachsmal-kreide

Pinsel

Seidenpapier

Plakat-farben

Pastellkreiden

schwarzer Stift, Bleistift und Radiergummi

Klebeband

Filzstift

Schere und Klebstoff

Tinte

Acryl-farben

Buntstifte

Du lernst, wie du alltägliche Materialien auf völlig andere Weise verwenden kannst: z. B. wie man mit Filzstiften coole Muster oder mit Wachsmalkreide einen interessanten „Unterwasser-Effekt" erzielt. Außerdem erfährst du, wie du ganz persönliche Geschenke, Grußkarten und andere schöne Dinge herstellen kannst. Dieses Buch ist prall gefüllt mit einfachen Schritt-für-Schritt-Anleitungen, mit denen Kunst wirklich Spaß macht!

Zeichnen – ganz easy!

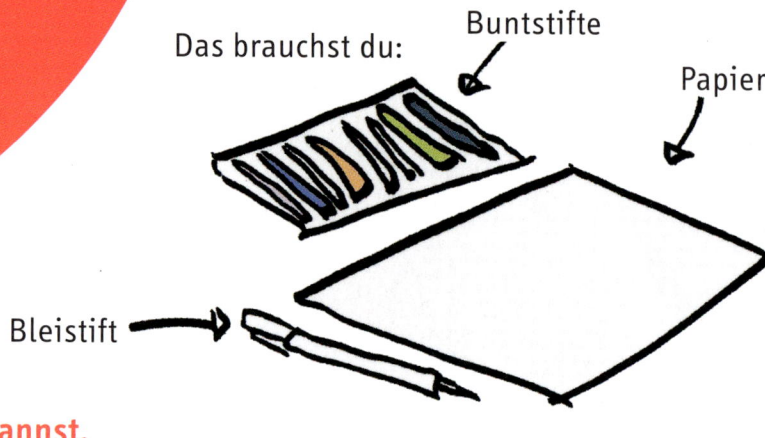

Das brauchst du:

Buntstifte

Papier

Bleistift

**Zuerst zeige ich dir, wie du mit Hilfe
von „Bausteinen" ganz leicht zeichnen kannst.
Als Beispiel habe ich mir das Thema Tiere ausgesucht.
Zeichne jeden Schritt nach und beobachte, wie sich daraus Formen bilden lassen.
Erst im vierten oder fünften Schritt stellt sich heraus, welches Tier daraus entstehen wird!**

Wie du siehst, kommen die Details erst in Schritt 3 hinzu. Jetzt musst du
dich entscheiden: Möchtest du eine Maus oder einen Hasen zeichnen?

große runde Ohren

langer geringelter Schwanz

lange Ohren

kurzer Stummelschwanz

1

2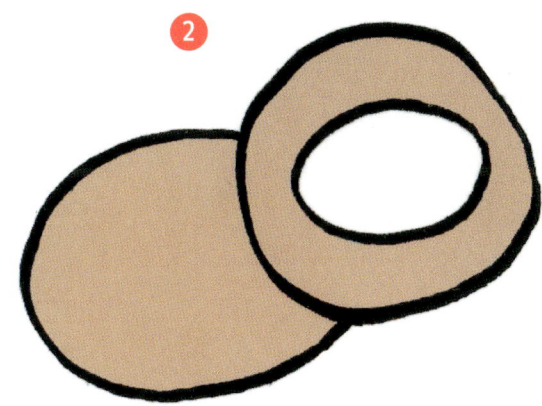

3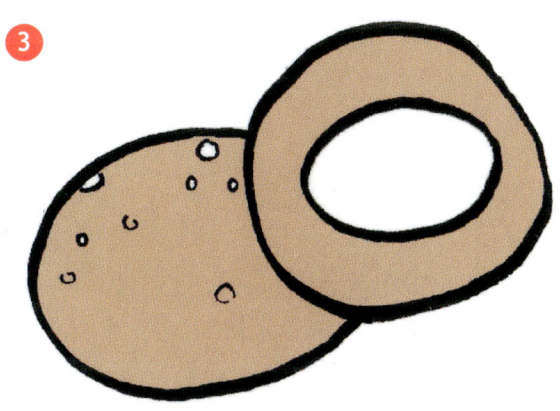

4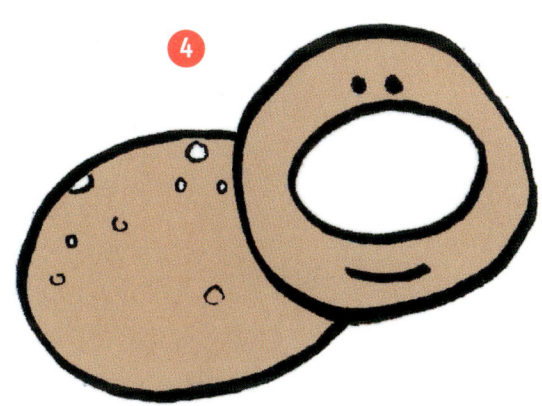

Schweinchen oder Rentier? Du hast die Wahl!

5a

Ringelschwanz

2 Kreise als Nasenlöcher

Schweinsfüßchen

5b

Geweih

normale Beine

11

Die „Knetkugel-Technik"

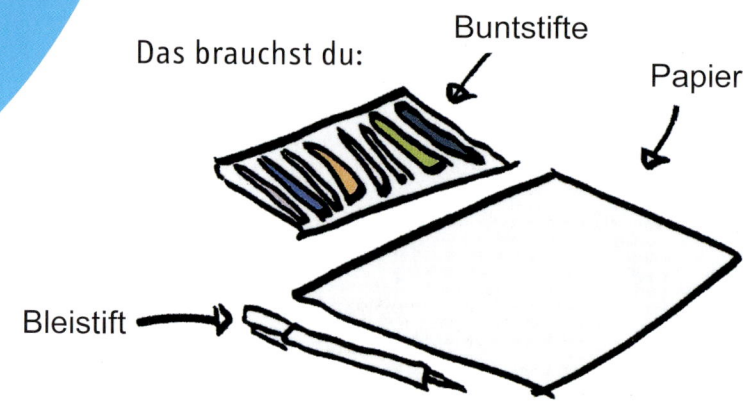

Das brauchst du:

Buntstifte

Papier

Bleistift

Mit der sogenannten „Knetkugel-Technik"
kannst du ganz einfach Tiere zeichnen – und ich zeige dir
wieder, wie! Bei jedem Tier beginnst du mit zwei aufeinandergesetzten „Knetkugeln".

Als Beispiel habe ich einen Hund gewählt, der einmal auf zwei, das andere Mal auf vier Beinen steht.
Zuerst der Hund auf zwei Beinen:

1 Zeichne zwei „Knet-kugeln" aufeinander.

2 Füge am unteren Teil deiner Figur zwei Füße hinzu. Sie sollen wie kleine Paddel aussehen.

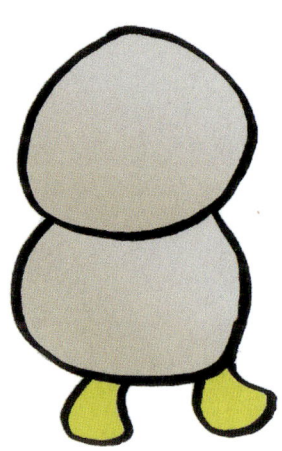

3 Zeichne jetzt die Vor-derbeine und Ohren. Du wirst sehen, dass sie genau dieselbe Form haben.

4 Gib deinem Hund nun ein auf dem Kopf stehendes Drei-eck als Nase und einen spitz zulaufenden Schwanz zwischen Vorder- und Hinterbeinen.

5 Zum Schluss kannst du entscheiden, ob du ihm noch ein bestimmtes Fellmuster und einen besonderen Gesichts-ausdruck verpassen möchtest.

Und jetzt kommt der Hund auf vier Beinen dran:

1 Zeichne wieder die beiden „Knetkugeln" – diesmal aber nebeneinander.

2 Füge am unteren Teil des Körpers die gleichen zwei „Paddel" wie beim ersten Hund hinzu.

3 Jetzt folgen noch zwei Beine und die Ohren.

4 Der gebogene Schwanz zeigt nach links oben!

5 Zum Schluss kannst du noch beliebige Details hinzufügen, so dass ein cooler, schwanzwedelnder Hund entsteht!

Gegenstände aus einem bestimmten Blickwinkel zeichnen

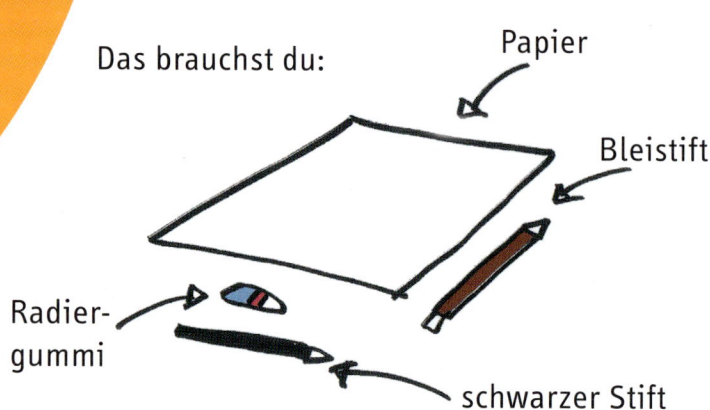

Das brauchst du:

Papier

Bleistift

Radier-gummi

schwarzer Stift

Bisher haben wir Gegenstände von der Seite oder von vorne gezeichnet. Doch jetzt wollen wir einmal ein Objekt von einem bestimmten, interessanten Winkel aus zeichnen. Als Beispiel nehme ich einen großen Traktor.

Dieser Kreis (das Hinterrad) ist der größte.

Das eine Vorderrad befindet sich weiter unten.

Der Kreis für das zweite Vorderrad ist kleiner, damit es so aussieht, als ob es weiter weg wäre.

Durch jede gebogene Linie entsteht ein Halbmond.

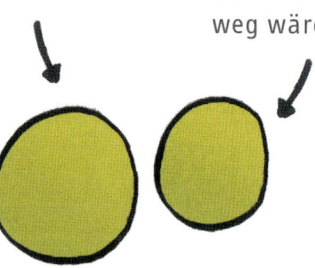

1 Zeichne drei Kreise als Räder. Achte auf Position und Größe der einzelnen Kreise.

2 Füge bei jedem der drei Kreise eine gebogene Linie hinzu, damit die Räder dreidimensional wirken.

Jetzt sehen die Räder wie leckere Kringel aus!

Karosserie

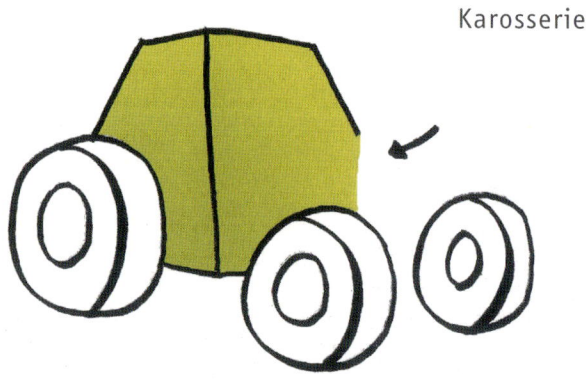

3 Für die Radkappen zeichnest du kleinere Kreise auf der Innenseite der Räder ein.

4 Jetzt zeichnest du die Karosserie des Traktors. Zuerst versuchst du, zwischen zwei Rädern eine senkrechte Linie von oben nach unten zu ziehen (siehe Abbildung).

5 Um die beiden Vorderräder miteinander zu verbinden, ziehst du zwei Linien. Über diesen beiden Linien zeichnest du die Motorhaube wie abgebildet. Vielleicht brauchst du dazu einige Versuche, bis es endlich klappt, aber dann hast du das Schwierigste geschafft!

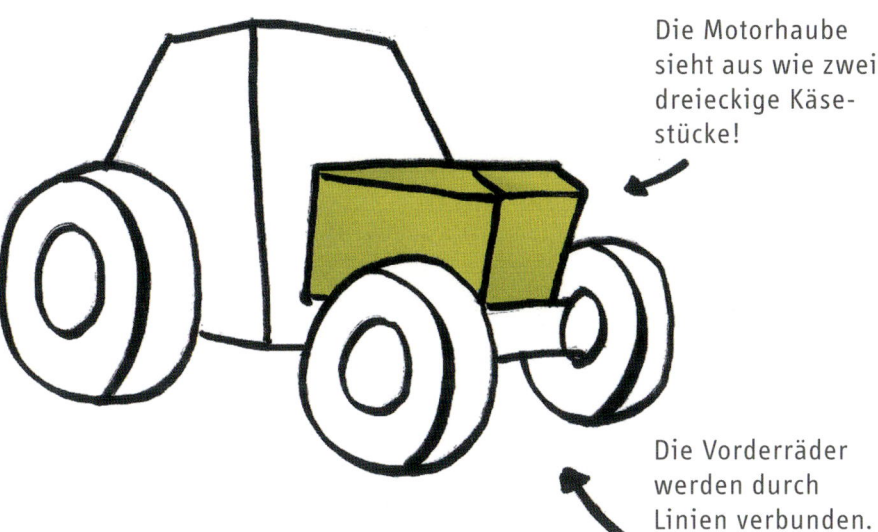

Die Motorhaube sieht aus wie zwei dreieckige Käsestücke!

Die Vorderräder werden durch Linien verbunden.

6 Die Reifen deines Traktors brauchen ein gutes Profil. Das erhältst du, indem du viele kleine Würstchen zeichnest! Danach ziehst du auf der Innenseite der beiden linken Räder einen kleinen Kreis und eine gebogene Linie.

Durch „Würstchen" wird das Reifenprofil dargestellt.

7 Zum Schluss fügst du noch die Fenster und ein schwarzes Rechteck als Kühlergrill hinzu. Und dann kannst du dein Meisterwerk anmalen!

Entgegenkommende Gegenstände zeichnen

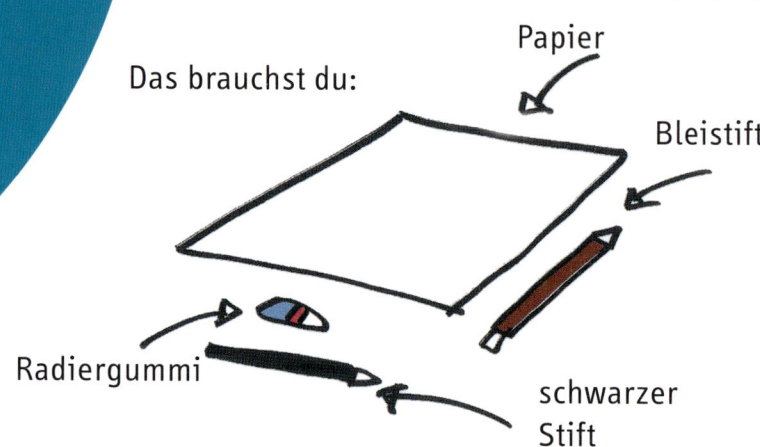

Papier

Bleistift

Radiergummi

schwarzer Stift

Inzwischen hast du gelernt, wie du Objekte von der Seite zeichnen kannst. Nun zeige ich dir, wie du etwas darstellst, das direkt auf dich zukommt. Ich habe mich für einen Lkw entschieden. Die Farben, die ich hier verwendet habe, dienen lediglich dazu, dir zu zeigen, welches Teil du jeweils zeichnen sollst. Mein Tipp: Mal deine Zeichnung immer erst zum Schluss an! Das ist viel einfacher.

1 Zeichne zuerst ein Sechseck wie abgebildet.

2 Füge am unteren Ende ein wurstförmiges Gebilde als Stoßstange an.

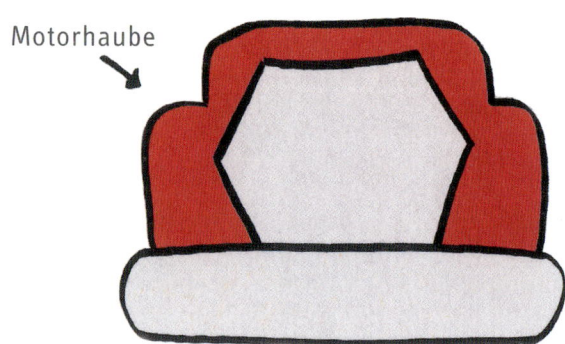

Motorhaube

3 Um das Sechseck herum zeichnest du eine Art „Sessel": Dies soll die Motorhaube darstellen.

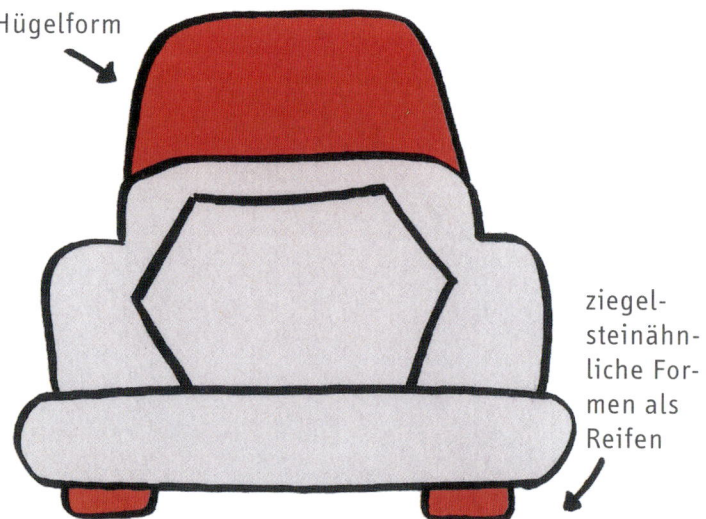

Hügelform

ziegelsteinähnliche Formen als Reifen

4 Auf die Motorhaube setzt du einen „Hügel", der oben abgeflacht ist. Unter die Stoßstange kommen zwei ziegelsteinähnliche Formen.

Dach

Windschutz-
scheibe

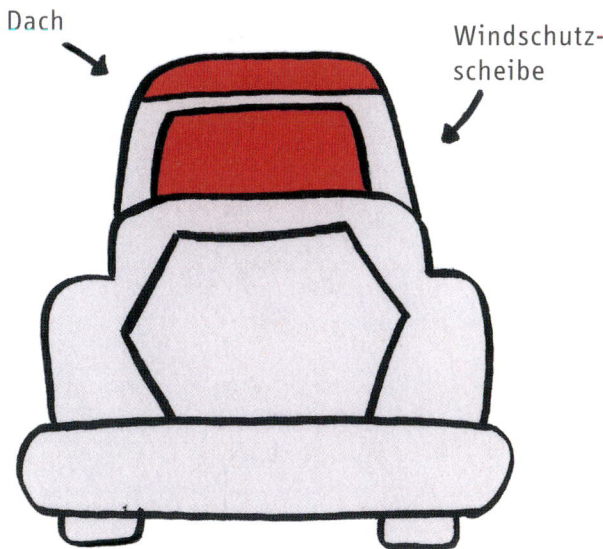

drei Halbkreise als Oberlichter

Zwei Kreise
stellen die
Lichter an
der Stoß-
stange dar.

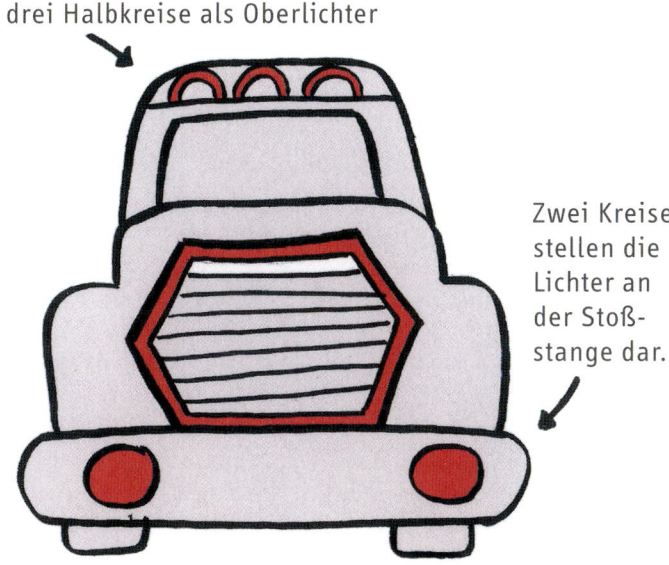

5 In den Hügelaufbau zeichnest du einen kleineren, ebenfalls abgeflachten „Hügel" als Windschutzscheibe. Direkt darüber ziehst du eine waagerechte Linie, die das Dach darstellen soll.

6 Mit Kreisen bzw. Halbkreisen deutest du die Lichter an (siehe Abbildung). In das große Sechseck zeichnest du ein kleineres, das du mit vielen waagerechten Linien ausfüllst. So entsteht der Kühlergrill.

Seitenspiegel

Vorderlicht

Nummernschild

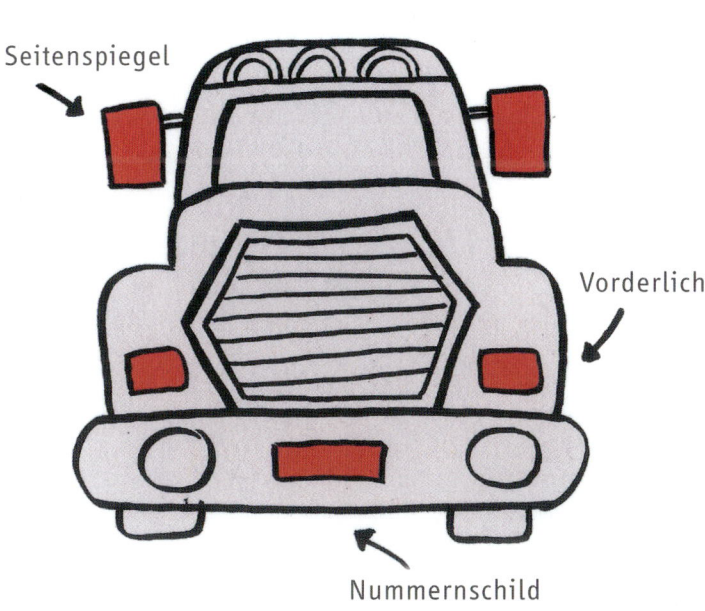

7 Jetzt fügst du noch fünf Rechtecke hinzu: zwei als Seitenspiegel, zwei als Vorderlichter und eines als Nummernschild.

8 Ich habe den Lkw so angemalt, dass er wie ein Feuerwehrauto aussieht. „Achtung, aus dem Weg!"

Die Farben

Primärfarben

Es macht Spaß, die verschiedenen Primärfarben zu mischen.
Die daraus entstandenen Farben nennt man dann Sekundärfarben.

Wenn du die Primärfarben mischst, entstehen Sekundärfarben.

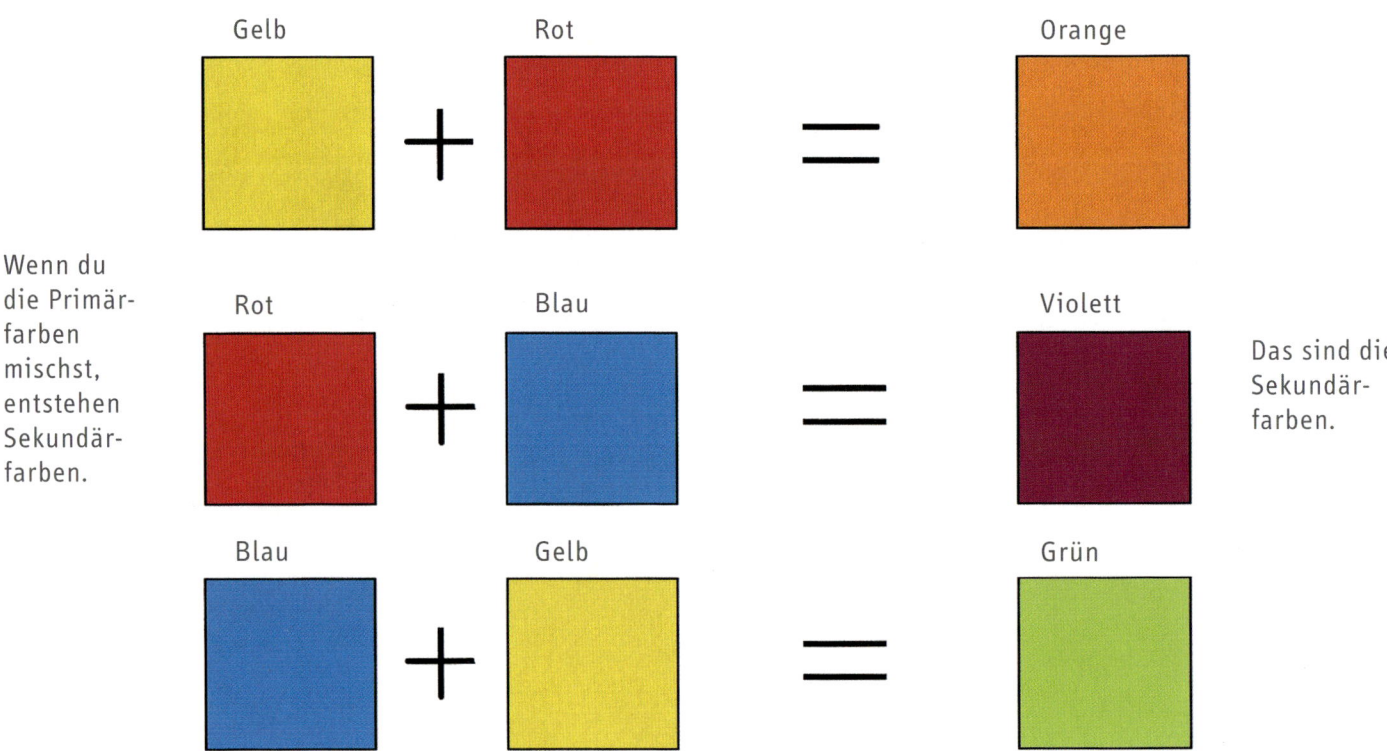

Gelb + Rot = Orange

Rot + Blau = Violett

Blau + Gelb = Grün

Das sind die Sekundärfarben.

18

Beim Malen kann dir der sogenannte „Farbkreis" nützlich sein: An ihm kannst du die Komplementärfarben ablesen (sie liegen sich auf dem Farbkreis gegenüber) und sehen, welche Farben miteinander harmonieren (sie liegen auf dem Farbkreis nebeneinander).

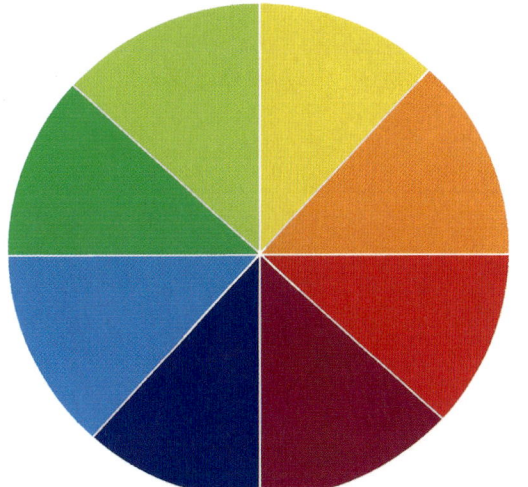

Farben, die sich auf dem Farbkreis direkt gegenüberliegen, nennt man Komplementärfarben. Sie passen besonders gut zusammen.

 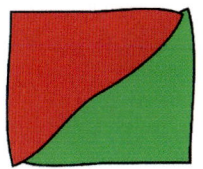

Das sind die Komplementärfarben.

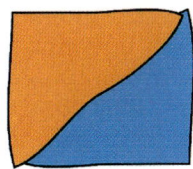 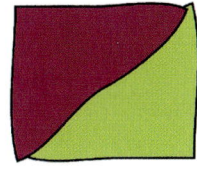

Beim Malen musst du außerdem auf den Farbton achten. Unterschiedliche Farbtöne lassen ein Bild mal lebendig und ausdrucksstark oder blass und unscheinbar aussehen. Wenn du den Farbton veränderst, verändert das möglicherweise die ganze Stimmung deines Bildes.

hell   dunkel

Der Farbton wird dadurch bestimmt, wie hell bzw. dunkel eine Farbe ist. Du kannst den Farbton aufhellen, indem du Weiß unter deine Farbe mischst oder sie mit Wasser verdünnst. Wenn du mit Ölfarben arbeitest, verwendest du dazu Verdünner statt Wasser.

Farbfamilien

Durch Mischen der Primärfarben kannst du unterschiedliche Wirkungen erzeugen. Ich zeige dir das an einer Fantasiezeichnung. Auf diesem Bild wird aus einem netten Mädchen durch eine geheimnisvolle Maschine ein richtiger Zombie!

gelb   rot

Wenn du dein Bild in Gelb- und Rottönen malst, dann wirkt es ausdrucksstark und freundlich.

Wenn du dein Bild in Rot- und Blautönen malst, dann wirkt es warm und üppig.

rot   blau

Wenn du dein Bild in Blau- und Gelbtönen malst, dann wirkt es kühl und frisch.

blau   gelb

Wenn du experimentierfreudig bist und alle drei Primärfarben mischst, bekommst du ein „Regenbogenbild". Damit hast du jede Menge Möglichkeiten und kannst unendlich viele Effekte erzielen.

Mischung aller drei Primärfarben

Welches Bild gefällt dir am besten?

Schatten und Schattierungen

Wenn du etwas zeichnest oder malst, ist es sehr nützlich, wenn du dich mit Schattierungen auskennst und weißt, wo du Schatten setzen musst. Zuallererst musst du dir darüber klar werden, woher das Licht kommt.

Beim Schattieren gilt folgende Regel: Je weiter sich ein Objekt von der Lichtquelle entfernt befindet, umso dunkler sollte die Schattierung sein. Wo du auf deinem Bild Schatten einzeichnest, hängt davon ab, aus welcher Richtung das Licht einfällt (siehe gegenüberliegende Seite).

Lichtquelle

Achtung: Der braune Schatten ist umso dunkler, je weiter der Boden von der Lichtquelle entfernt ist! Das Gleiche gilt auch für die Wand und den Futternapf.

Versuch den Schatten so zu zeichnen, dass er in etwa den Umrissen der dazugehörigen Figur entspricht.

Gegenstände, die den Boden berühren, erhalten einen richtig dunklen Schatten.

Hier erkennst du gut, wie unterschiedliche
Lichtquellen verschiedene Schatten erzeugen:

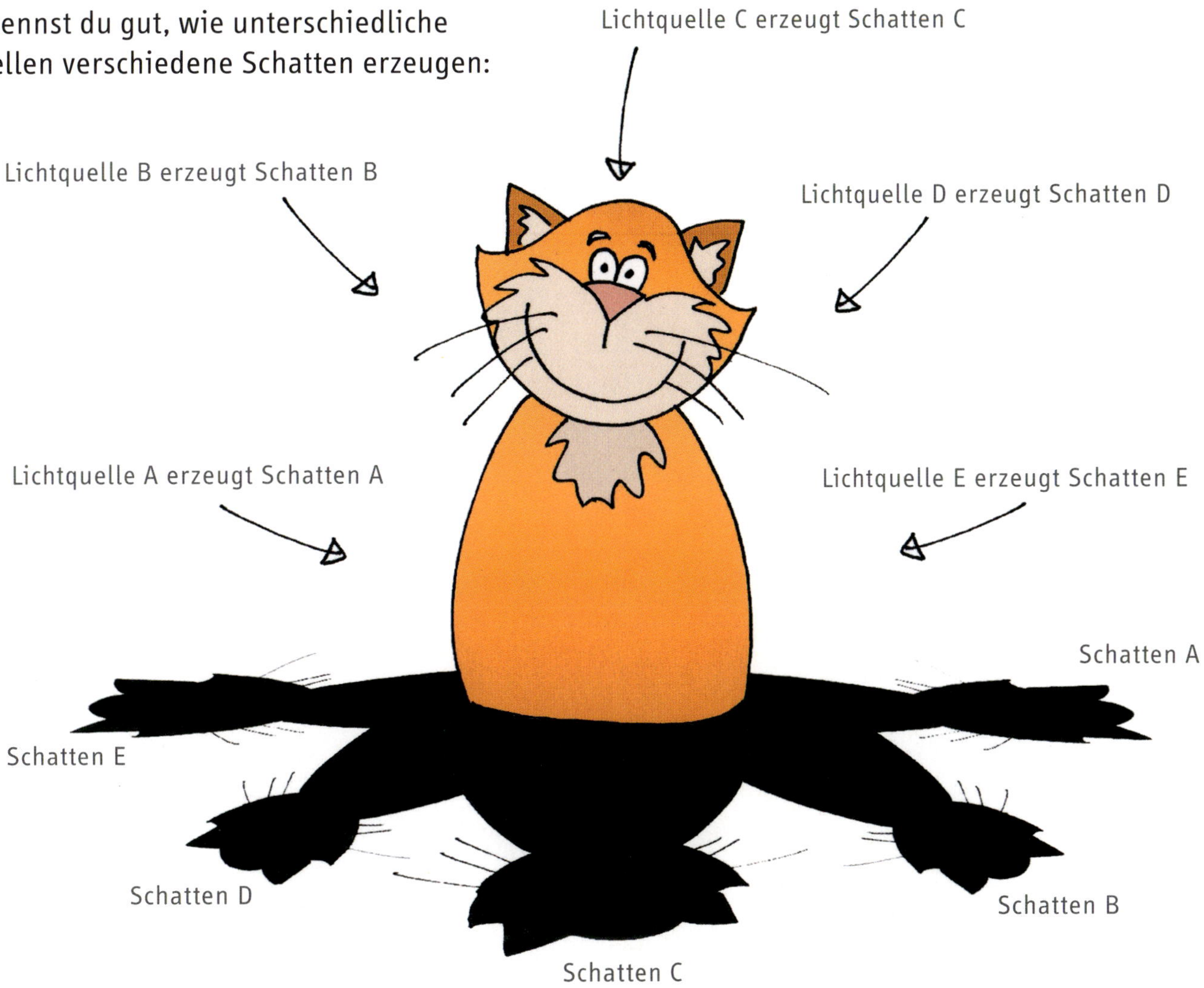

Lichtquelle C erzeugt Schatten C

Lichtquelle B erzeugt Schatten B

Lichtquelle D erzeugt Schatten D

Lichtquelle A erzeugt Schatten A

Lichtquelle E erzeugt Schatten E

Schatten A

Schatten E

Schatten D

Schatten B

Schatten C

Überleg dir: Wenn das Licht aus dieser
Richtung kommt, wo musst du dann
den Schatten einzeichnen?

Müsstest du den Schwanz in einem helleren
Orangeton zeichnen als den Kopf?

Wo wäre der Schatten am dunkelsten?

Perspektivisch zeichnen

Wasserfarben

Becher mit Wasser

dickes Aquarell- oder Zeichen- papier

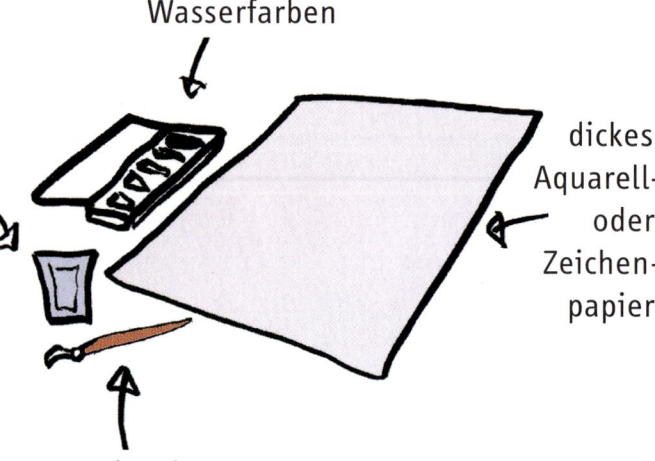

Pinsel

Wenn du ein Bild mit Vorder- und Hintergrund malst, denk daran, dass die Farben vorne dunkler und weiter hinten heller sind.
Die unten abgebildete Landschaft ist ein ausgezeichnetes Beispiel dafür. Beginne mit dem am weitesten entfernten Gegenstand – in diesem Fall ist es der Himmel. Male ihn in einem blassen Rosarot.

1

Zuerst skizzierst du das Bild mit Bleistift.

2

Male die Berge in Blau: Je weiter sie sich im Vordergrund befinden, umso dunkler solltest du die Blautöne wählen.

3

Mach jeden Teil des Bildes nass, bevor du ihn ausmalst.

4

Wenn die Farbe nicht dunkel genug ist,
trage eine weitere Farbschicht auf.

Die Burg und der vorderste Berg müssen am dunkelsten
gemalt und mit den meisten Details ausgestattet werden.

So, das wäre
geschafft!
Jetzt weißt
du, wie ein
räumliches
Bild ent-
steht!

Buntstifte optimal einsetzen

Das brauchst du:

viele Buntstifte

Papier

Filzstift oder Bleistift

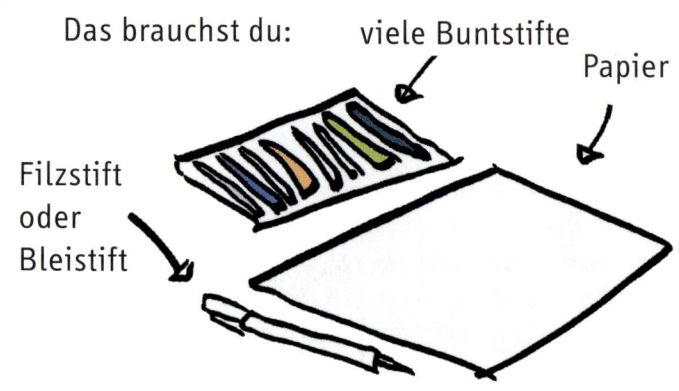

Buntstifte sind einfach super. Du kannst sie auf vielerlei Art verwenden. Sie eignen sich beispielsweise sehr gut, wenn du mehrere Farben übereinander auftragen willst – so wie hier bei der Katze!

Schau dir zuerst ein paar Techniken an, die du für deine Bilder vielleicht verwenden kannst:

Kreuzschraffur mit verschiedenen Farben übereinander

Zickzacklinien über einer gleichmäßigen Farbfläche

spiralförmige Kreise übereinander

breitflächiges Schattieren

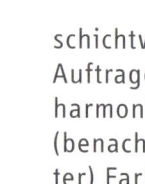

schichtweises Auftragen harmonischer (benachbarter) Farben

kräftiges Schattieren mit verschiedenen übereinander liegenden Farben

Und jetzt probierst du das gleich an einem Bild aus!

❶ Zeichne dein Bild mit einem Bleistift vor. Wenn du möchtest, kannst du das windschiefe Haus auch kopieren.

❷ Jetzt malst du das gesamte Bild zügig und zart an. Dabei solltest du möglichst viel ausmalen. So weißt du ungefähr, wo die verschiedenen Farben hinkommen.

❸ Beginne mit der größten und kompliziertesten Fläche deines Bildes – hier ist es das Dach. Nun kannst du die verschiedenen Techniken von Seite 26 in die Praxis umsetzen. Dem Dach verleihst du eine dunkle Schattierung, indem du mehrere Farben übereinander aufträgst. Das erzeugt Tiefe.

❹ Wenn du mit dem Dach fertig bist, machst du mit den anderen Details weiter: zuerst die Holzteile, dann das Gras und die Kletterpflanze, der Weg und zum Schluss den Himmel.

❺ Der Himmel erhält sein kräftiges Blau durch Kreuzschraffur. Diese Technik ist sehr einfach und verleiht deinem Bild sofort Tiefe und Struktur.

Materialmix

Wasserfarben

Becher mit Wasser

dickes Papier oder Karton

weiße Wachsmalkreide und Bleistift

Buntstifte und Pinsel

Für jedes der farbenprächtigen Bilder in diesem Buch habe ich entweder Buntstifte, Pastellkreiden, Acrylfarben, Wasserfarben, Plakatfarben oder Tinte verwendet.

Wie wäre es, wenn du jetzt einmal mehrere Materialien in einem Bild kombinierst?

Viel Spaß beim Experimentieren!

1 Auf dickem Karton oder Aquarellpapier fertigst du eine grobe Bleistiftskizze von deinem Landschaftsbild an. Vergiss die Schafe nicht! Sie sehen aus wie Wattewölkchen.

2 Male mit der weißen Wachsmalkreide über die Teile deines Bildes, die weiß bleiben sollen. In diesem Fall sind es die Schafe und die Dampfwolke, die aus dem Zug aufsteigt.

3 Die Wiese vor dem Zug malst du mit grüner Wasserfarbe an. Mach dir keine Gedanken wegen der weißen Schafe: Durch die Wachskreide sind sie geschützt.

4 Für den Tunnel nimmst du braune Wasserfarbe. Du kannst damit ruhig über die Dampfwolke pinseln, durch die Wachsmalkreide bleibt sie weiß!

5 Für den hinteren Teil der Wiese verwendest du einen helleren Grünton: Du weißt ja inzwischen, ein blasser Farbton lässt Gegenstände weiter entfernt scheinen!

6 Für die Eisenbahn wählst du rote Wasserfarbe. Auf der nächsten Seite erfährst du, wie du dein Kunstwerk vollenden kannst.

Der letzte Schliff

7 Male dein restliches Bild mit beliebigen Wasserfarben aus (siehe Abbildung). Sobald es getrocknet ist, kannst du mit deinen Buntstiften noch weitere Details hinzufügen. Zeichne grüne Kringel und Schnörkel auf die Wiese, um Grashalme anzudeuten sowie einige rote Felder auf die Eisenbahn.

8 Mit einem schwarzen Buntstift ergänzt du bei den Schäfchen Kopf und Beine. Dann schraffierst du das restliche Bild mit anderen Buntstiften. Verwende dafür Farben, die zueinander passen.

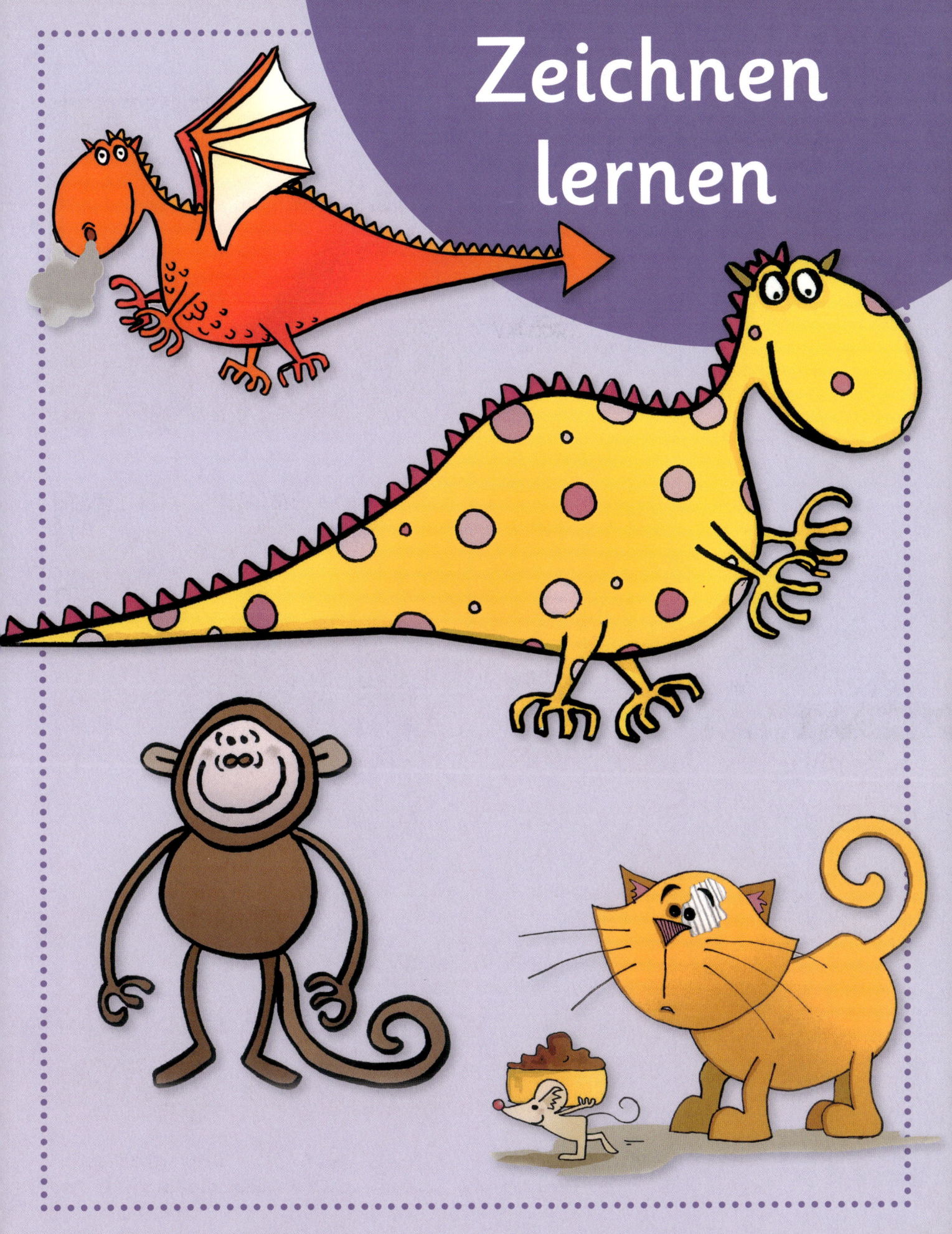

Zeichnen lernen

Eine Katze aus Kreisen, Dreiecken und ... Würstchen!

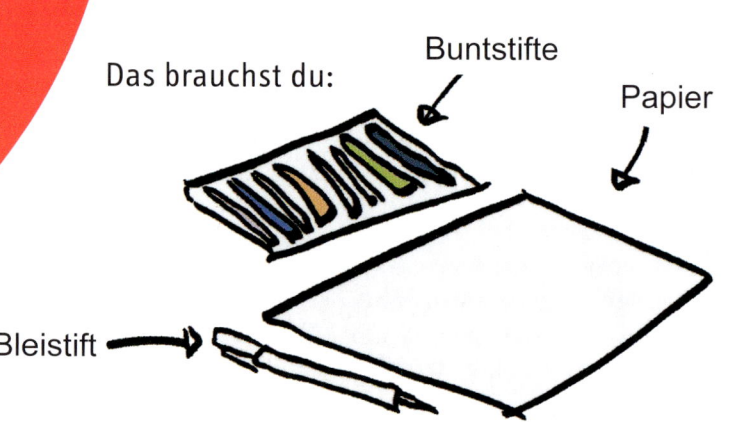

Das brauchst du:

Buntstifte

Papier

Bleistift

Wenn du ein Tier zeichnen möchtest, ist es oft einfacher, die Figur in unterschiedliche Formen zu unterteilen. Probier mal, eine Katze aus Kreisen, Dreiecken und Würstchen zu zeichnen. Das ist etwas schwieriger als die auf Seite 12 beschriebene „Knetkugel-Technik".

1 Zeichne einen Kreis.

2 Danach setzt du vier kleine Dreiecke auf den Rand des Kreises (siehe Abbildung).

3 In die Kreismitte setzt du ein weiteres Dreieck als Nase.

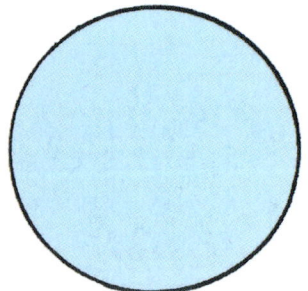

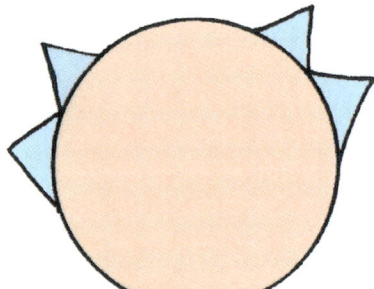

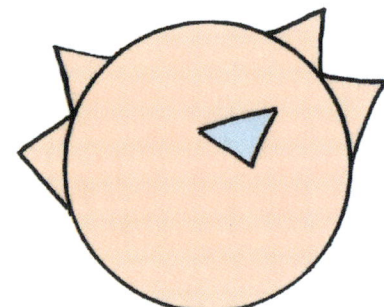

4 Als Nächstes zeichnest du einen großen Halbkreis für den Körper der Katze.

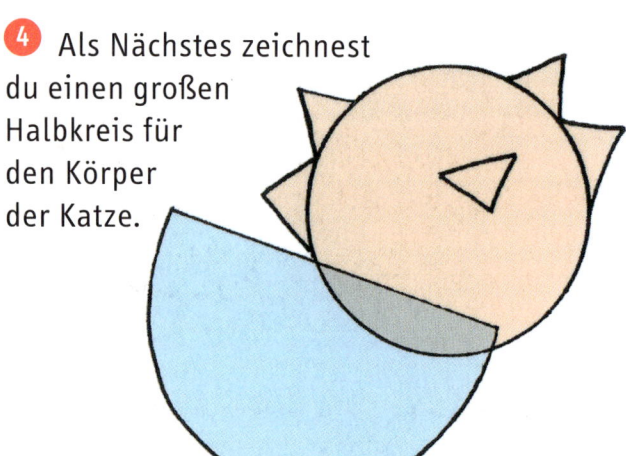

5 Die Pfoten bestehen ebenfalls aus – allerdings sehr kleinen – Halbkreisen, die mit der Kante nach unten zeigen.

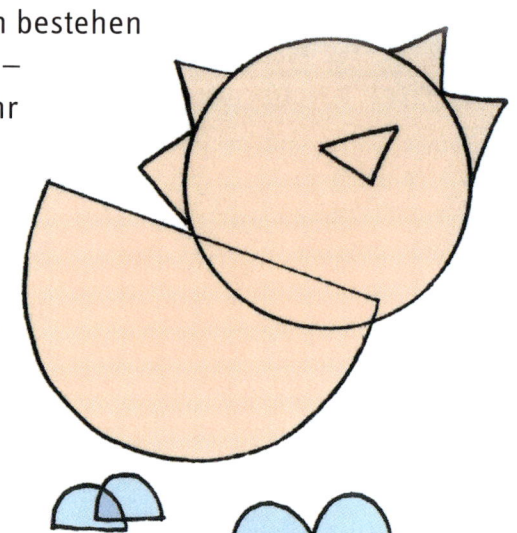

6 Dann zeichnest du sechs geschwungene Linien als Schnurrhaare und verbindest Körper und Pfoten mit würstchenförmigen Beinen.

7 Auch der Schwanz besteht aus einer langen, gekrümmten Wurst!

8 Zum Schluss fügst du noch zwei Kreise für die Augen, die hochgezogenen Augenbrauen, Zickzacklinien für die Ohrbüschel und ein kleines Maul hinzu. Auch das Fell kannst du mit einem beliebigen Muster verschönern.

Ein turboschnelles Krokodil

Das brauchst du:

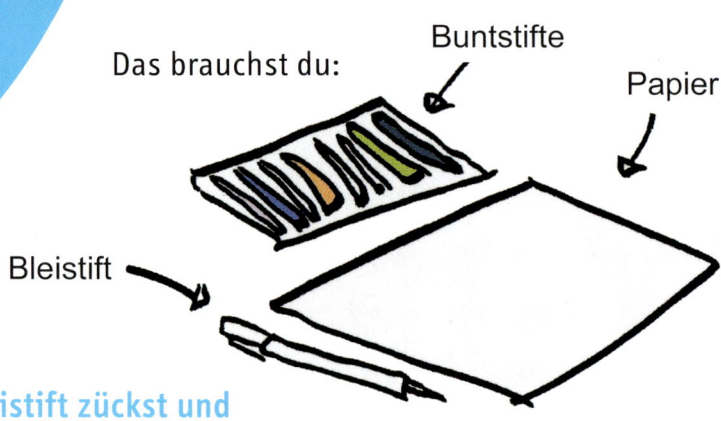

Buntstifte

Papier

Bleistift

Wetten dass? Wenn du in der Schule einen Bleistift zückst und damit ruck, zuck ein Krokodil aufs Papier zauberst, wirst du einen bleibenden Eindruck bei deinen Freunden hinterlassen!

1 Als ersten Schritt zeichnest du zwei Linien, die wie eine auf der Seite liegende Haarnadel aussehen.

2 Für das Maul zeichnest du einfach ein „V", das auf der Seite liegt.

Zeichne ein „V", das auf der Seite liegt.

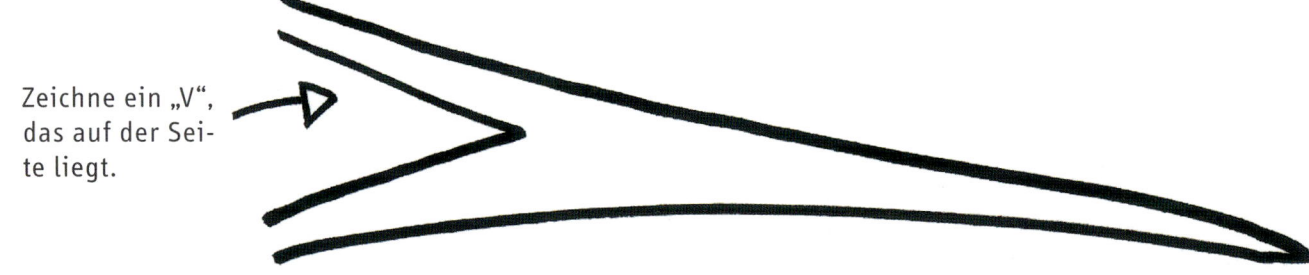

3 Nun kannst du Maul und Körper miteinander verbinden und noch vier kleine Strichbeine hinzufügen.

Verbinde die Enden miteinander!

Strichlinien als Beine

4 Und jetzt braucht das Krokodil noch unendlich viele Zacken! Das Maul wird mit Zähnen und der Krokodilrücken mit einer Zackenreihe bis zum Schwanzende ausgestattet.

... und noch mehr Zacken den Rücken entlang. Beginne mit den Zacken an dem Punkt, an dem die Vorderbeine sitzen.

Zacken als Zähne

5 Zum Schluss zeichnest du noch vier kleine Würstchen als Füße und gibst deinem Kroko zwei Augen. Hey, supi! Dein Comic-Kroko ist fertig!

Als Augen dienen zwei Punkte in zwei Kreisen. Platziere sie genau dort, wo die Zackenlinie anfängt.

Vervollständige die Beine!

Sobald du den Dreh raus hast, kannst du aus jeder beliebig geformten Linie ein Krokodil zeichnen. Befolge einfach die fünf oben genannten Schritte!

Ein Lkw aus einfachen Formen

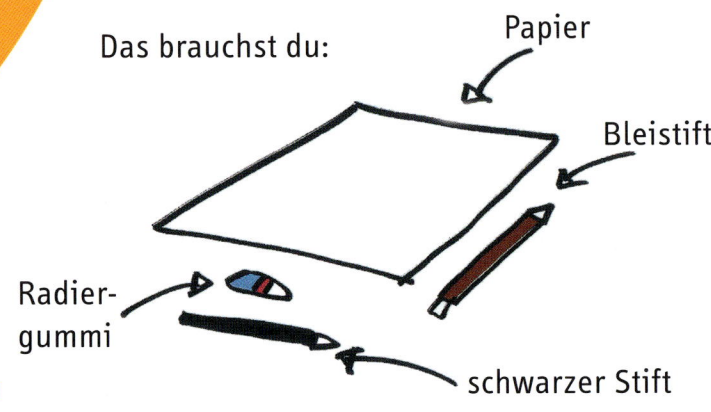

Das brauchst du:

Papier

Bleistift

Radier-gummi

schwarzer Stift

Aus Linien, Rechtecken, Quadraten und Kreisen lässt sich ganz leicht ein Lkw zeichnen.

Bei jedem Anleitungsschritt ist der Teil des Bildes, den du zeichnen sollst, braun markiert. Aber warte mit dem Anmalen deines Kunstwerkes, bis es ganz fertig ist!

1 Ziehe mit einem Stift eine waagerechte Linie.

waagerechte Linie

2 Für die Karosserie des Lkws setzt du wie abgebildet ein Rechteck auf die Linie.

Rechteck

3 Zeichne zwei senkrechte Linien. Die eine sollte genauso hoch sein wie das Rechteck, die zweite nur halb so hoch.

senkrechte Linie

4 Jetzt fügst du drei weitere Linien hinzu, damit eine Art von Treppe entsteht (siehe Abbildung). Nun hat dein Lkw auch ein Führerhaus!

Treppen-form

5 Entlang des unteren Teils des Lkws zeichnest du ein ganz schmales Rechteck, aus dem drei Halbkreise herausgeschnitten wurden. Ein Halbkreis sollte sich unter dem Führerhaus, die beiden anderen unter dem Rumpf des Fahrzeugs befinden.

Halbkreise als Radschutz

6 Nun zeichnest du in jeden Radschutz einen Kreis als Rad hinein.

Kreis

7 In die großen kommt jeweils ein kleinerer Kreis als Radkappe.

kleinerer Kreis

Quadrat

8 In das Führerhaus deines Lkws zeichnest du ein Quadrat als Fenster.

Zum Schluss malst du dein Werk in beliebigen Farben an. Fertig ist der coole Truck!

Ein lustiger Comic-Dinosaurier

Das brauchst du:

Buntstifte

Papier

Bleistift

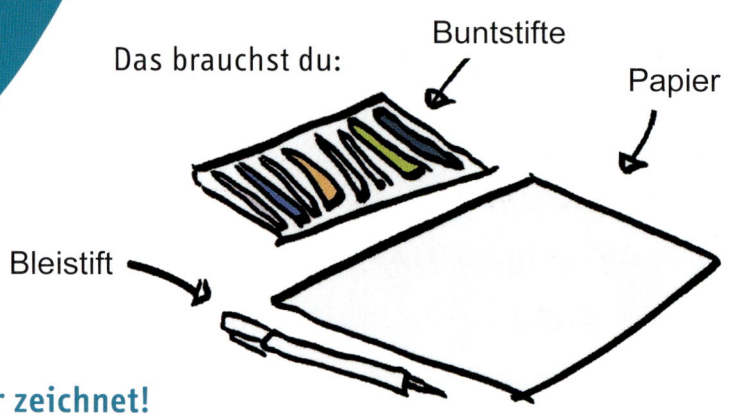

Jetzt zeige ich dir, wie man einen Dinosaurier zeichnet!

1 Ein Dino besteht aus zwei Bausteinen: Kopf und Körper. Dafür zeichnest du zwei Eier bzw. leicht unförmige Kreise.

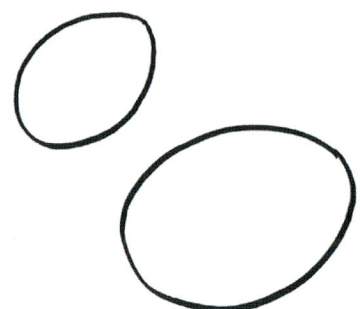

2 Die beiden „Eier" verbindest du mit einer gebogenen Linie. Außerdem fügst du einen leicht gekrümmten Schwanz hinzu. Dieser sollte genauso lang wie Kopf und Körper sein.

gebogene Linie

Der leicht gekrümmte Schwanz ist genauso lang wie Kopf und Körper.

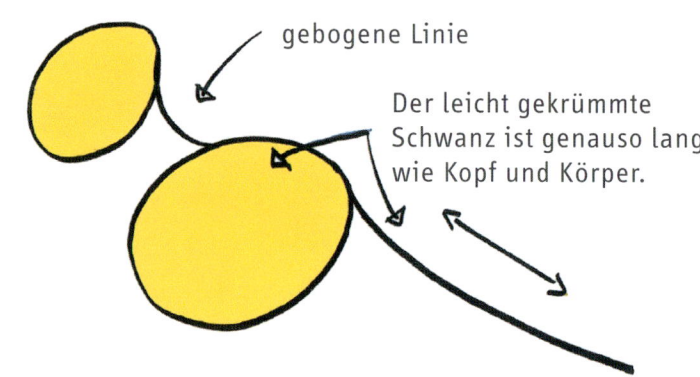

3 Mit zwei zusätzlichen Linien vervollständigst du den Hals und Schwanz deines Dinos.

Der Hals sollte oben dünner als unten sein.

Ziehe eine Verbindungslinie vom Körper bis zum Schwanzende.

4 Die Augen sitzen oben am Kopf, zwischen den beiden Öhrchen. Vorder- und Hinterbeine sind ganz leicht zu zeichnen: Halte dich einfach an die vier Arbeitsschritte und die Abbildung!

zwei Eier als Augen und Würstchen als Ohren

die vier Anleitungs-schritte für die Gliedmaßen

1   2   3   4

5 Ziehe vom Kopf deines Dinos bis hinunter zu seinem Schwanzende eine Zackenlinie.

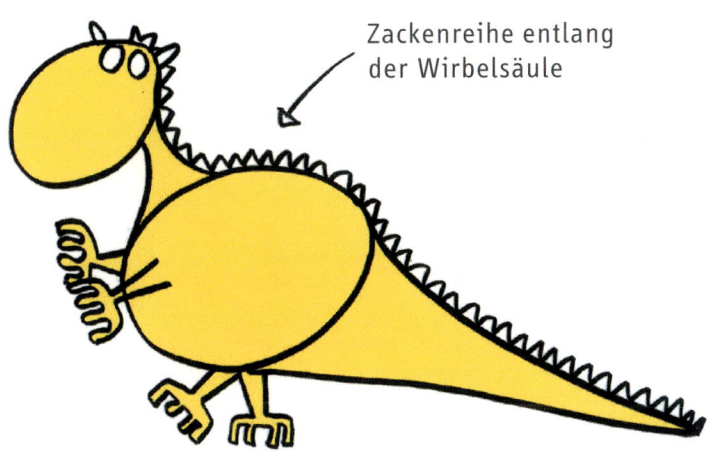

Zackenreihe entlang der Wirbelsäule

6 Wenn du die Umrisse mit Bleistift skizziert hast, kannst du deinen Dino mit Buntstiften vervollständigen. Danach radierst du die Bleistiftlinien aus und fertig ist dein toller Dinosaurier!

Auf der nächsten Seite erfährst du, wie aus einem Dinosaurier ein Drache wird!

So wird aus einem Dinosaurier ein Drache

Beginne bei diesem Schritt (siehe Seite 39).

Wenn du einen Dinosaurier zeichnen kannst, dann kannst du auch einen Drachen zeichnen. Du musst deinem Dino nur vier Dinge hinzufügen, damit er zum Drachen wird.

1 **Flügel:** Sie sollten an dem Punkt ansetzen, an dem der Hals des Dinosauriers in den Körper übergeht.

etwas über 90 Grad

Aus der Mitte ragen zwei Zacken heraus, die den gleichen Abstand haben.

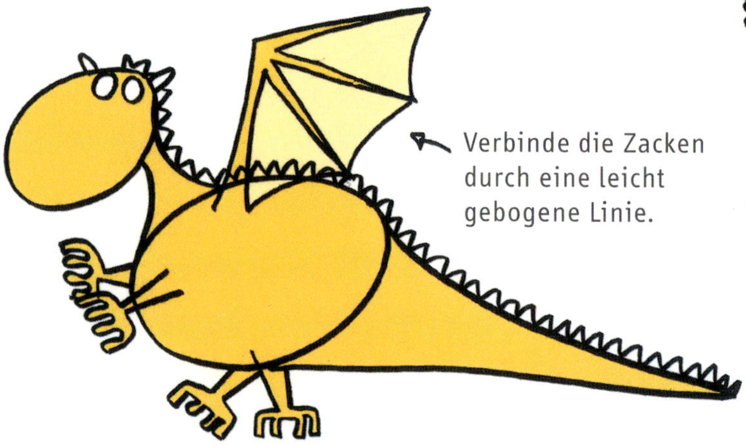

Verbinde die Zacken durch eine leicht gebogene Linie.

2 **Feueratem**: Drachen können Feuer spucken! Du hast hier zwei Möglichkeiten: Entweder du zeichnest deinen Drachen mit geschlossenem Maul und lässt einfach etwas Rauch aus seinen Nasenlöchern aufsteigen oder du gibst ihm ein gefährliches Aussehen mit geöffnetem Schlund, aus dem Feueratem austritt. Die Entscheidung liegt bei dir!

3 **Schuppen**: Ein Drache hat eine Schuppen-haut. Wenn du möchtest, kannst du seinen ganzen Körper mit Schuppen bedecken. Manch-mal sieht es aber besser aus, wenn du ihn nur am Unterbauch mit ein paar Schuppen ausstat-test.

4 **Schwanzspitze**: Zeichne ein Dreieck, damit sein Schwanz spitz zuläuft.

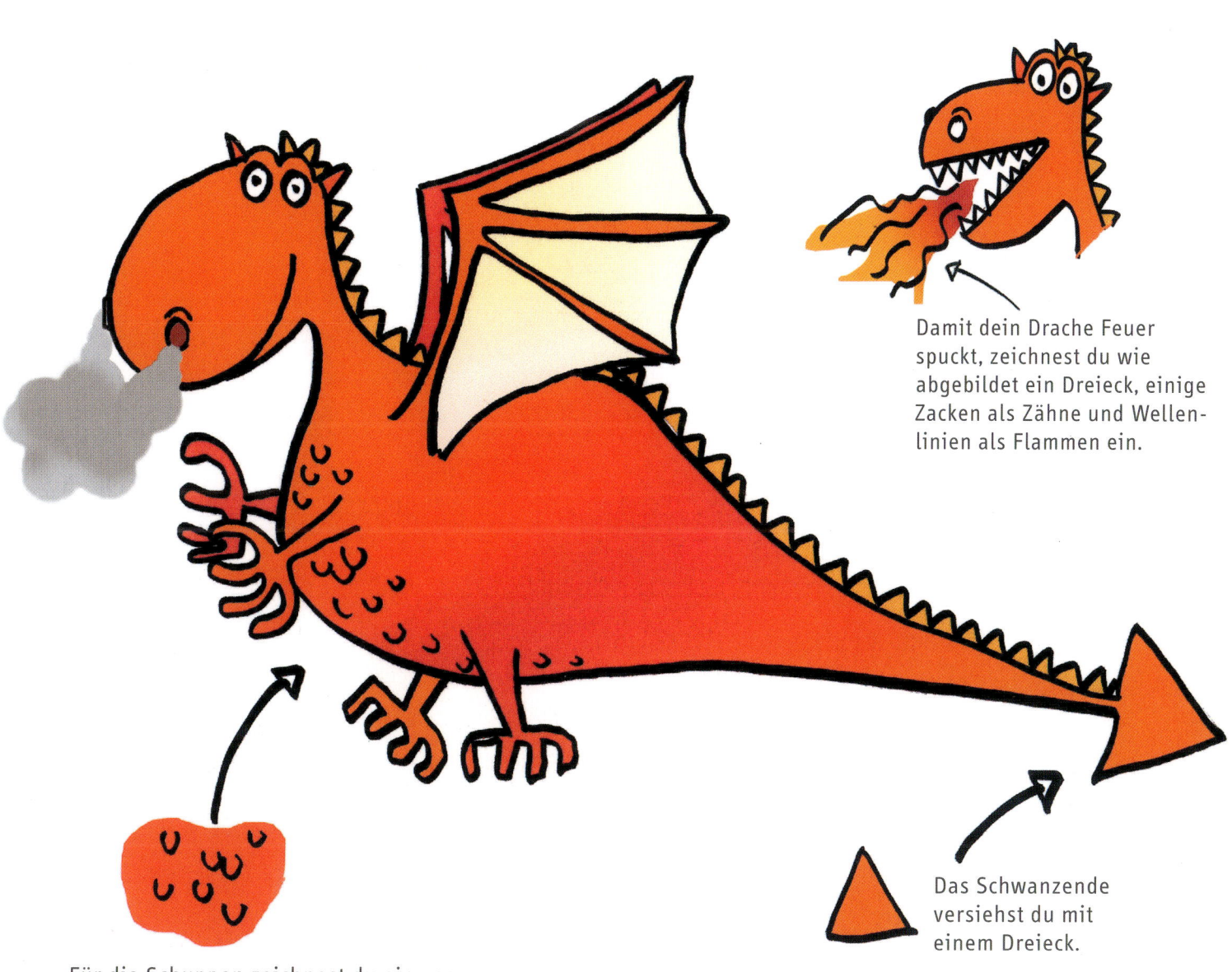

Damit dein Drache Feuer spuckt, zeichnest du wie abgebildet ein Dreieck, einige Zacken als Zähne und Wellen-linien als Flammen ein.

Für die Schuppen zeichnest du ein paar kleine „u" auf den Drachenbauch.

Das Schwanzende versiehst du mit einem Dreieck.

Ein Bagger

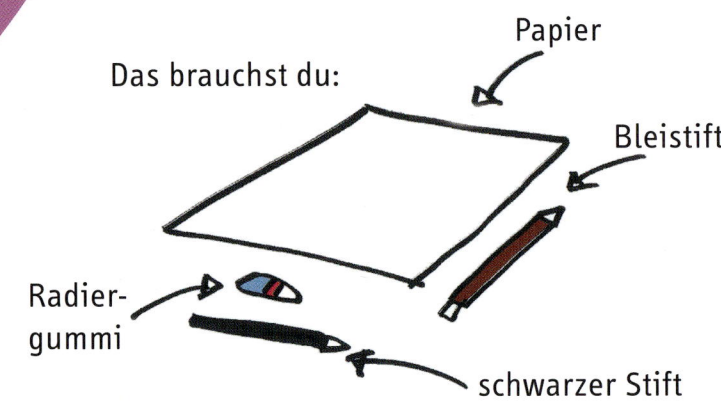

Das brauchst du:

Papier

Bleistift

Radier-gummi

schwarzer Stift

Mit seinem Greifarm kann ein Bagger fast alles aufheben – genau wie eine Krabbe!

1 Für den Reifen zeichnest du eine Form, die wie ein eingedrückter Ring aussieht.

2 Aus einer Schachtel wird das Führerhaus des Baggers.

Zeichne ein Rechteck und vervollständige es zu einer Schachtel.

3 Zwei geschwungene Linien stellen den zweiten Reifen dar.

Die Linien sollten wie beim ersten Reifen geschwungen sein.

Der letzte Teil des Greifarms sollte spitz zulaufen.

4 Den Greifarm des Baggers zeichnest du in drei Schritten: Beginne mit dem Teil, der am Führerhaus befestigt ist. Danach folgt ein etwas kleinerer Abschnitt und zuletzt der kleinste Teil des Greifarms.

Greifer

5 Jetzt fehlt noch der Greifer. Er sieht aus wie die Scheren einer Krabbe oder der Haken von Captain Hook! Zuletzt setzt du ins Führerhaus noch ein Quadrat als Fenster ein.

6 Jetzt braucht dein Bagger nur noch etwas Farbe und dann kann er schon losbaggern.

Eine Dampflok

Eine Dampflokomotive zu zeichnen ist gar nicht so schwer, wie du vielleicht denkst. Wenn du die nachfolgenden Arbeitsschritte befolgst, dann kann deine Lok schon bald losdampfen!

Das brauchst du:

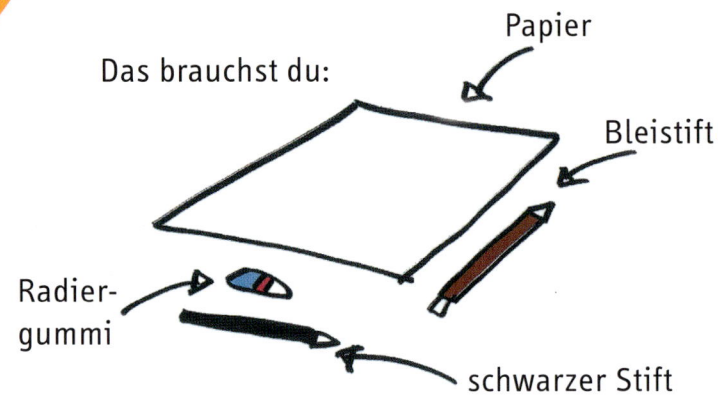

Papier

Bleistift

schwarzer Stift

Radier-gummi

1 Starte mit den Rädern und zeichne dafür zwei gleiche Kreise, die nah beieinander liegen.

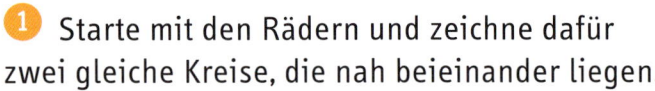

2 Auf das linke Rad setzt du ein lang gezogenes, dreiseitiges Rechteck (siehe Abbildung). Das ist das Führerhaus.

3 Zeichne ein weiteres langes Rechteck als Rumpf wie abgebildet. Wo die Linie auf das rechte Rad trifft, musst du etwas aussparen.

4 Dampfloks müssen manchmal zum Reinigen geöffnet werden: Dafür zeichnest du eine geschwungene Linie für die kuppelförmige Tür und ein winziges Rechteck für den Griff.

5 Zeichne rechts neben den großen Kreisen zwei kleine Kreise als Vorderräder. Das Führerhaus stattest du mit zwei bogenförmigen Fenstern aus.

6 Entlang der Oberseite deiner Lokomotive zeichnest du drei Rechtecke. Nun bekommen alle Räder noch kleine Kreise und danach verbindest du die Vorderräder durch kleine Rechtecke und Linien mit der Lok (siehe Abbildung).

Stöckchen

7 Jetzt fehlen noch ein paar Stangen, um die Räder untereinander zu verbinden. Anschließend setzt du drei dünne Stöckchen auf die Oberseite des Zuges.

Stangen

Rauchfang

Dampfdom

8 Für die Dampfdome auf dem Dampfkessel zeichnest du zwei Halbkreise, danach wie abgebildet einen großen Rauchfang. Weitere Details, die du nach Lust und Laune noch hinzufügen kannst, habe ich grün markiert.

Radspeichen

9 Zuletzt kommen noch eine Glocke, etwas Dampf und andere Dinge hinzu, die dir einfallen. Dann kann sich deine Lok auf große Fahrt begeben!

Ein riesiger Elefant

Das brauchst du:

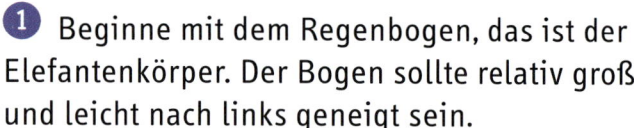

Buntstifte

Papier

Bleistift

Ein Elefant besteht aus einem Regenbogen, drei Schachteln, drei Kreisen und einer Banane! Wenn du einmal weißt, was wo hingehört, dann kannst du in jeder Lebenslage Elefanten zeichnen.

1 Beginne mit dem Regenbogen, das ist der Elefantenkörper. Der Bogen sollte relativ groß und leicht nach links geneigt sein.

der Regenbogen

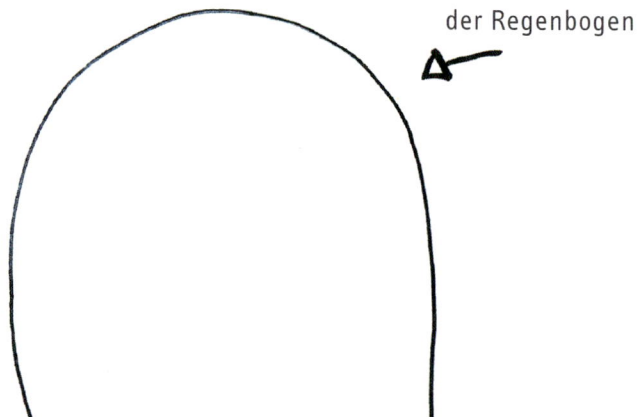

2 An den unteren Teil des Bogens zeichnest du drei Schachteln. Wenn du sie verbindest, kannst du bereits die Elefantenbeine erkennen.

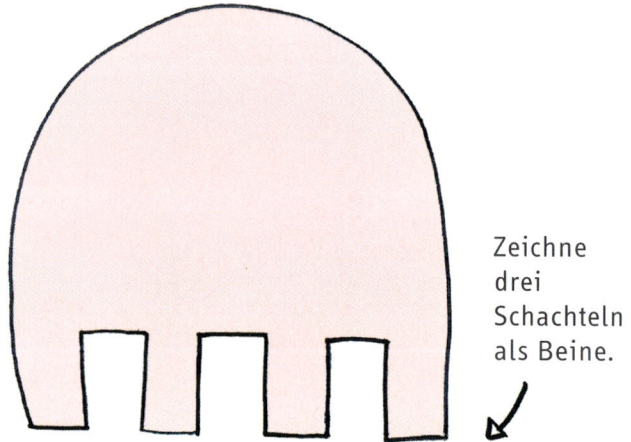

Zeichne drei Schachteln als Beine.

3 Der größte und wichtigste Kreis ist der Kopf. Zeichne ihn entweder auf die rechte Seite oder – wenn du willst, dass dich dein Elefant direkt ansieht – in die Mitte.

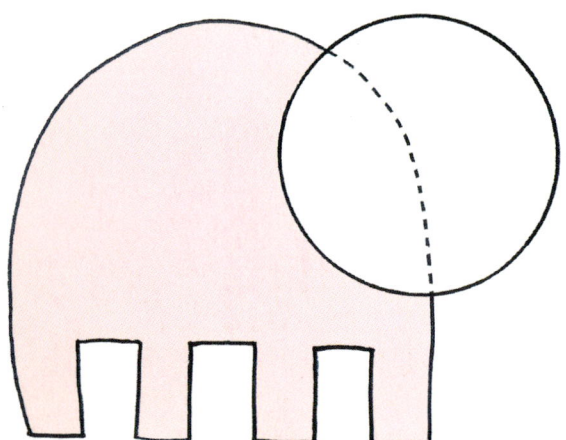

4 Zwei kleinere Kreise, die die Elefantenohren darstellen, platzierst du links und rechts vom Kopf.

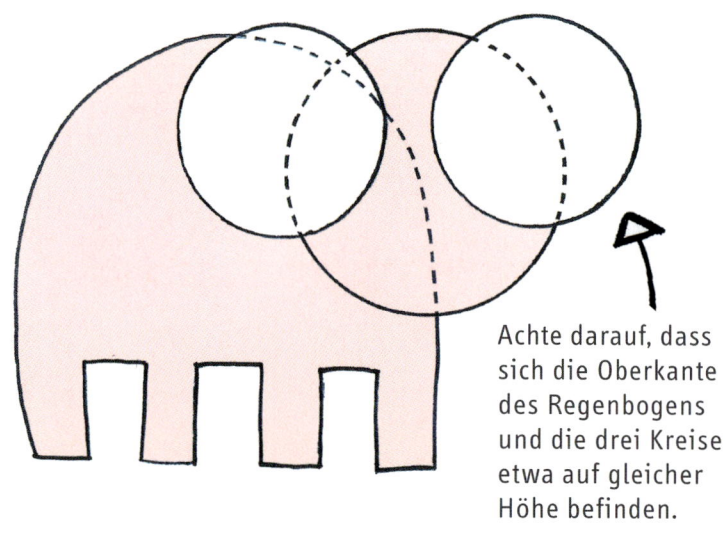

Achte darauf, dass sich die Oberkante des Regenbogens und die drei Kreise etwa auf gleicher Höhe befinden.

5 Der Rüssel ist kinderleicht zu zeichnen. Stell dir einfach eine Banane vor mit dem Buchstaben „V" am Ende. Fertig!

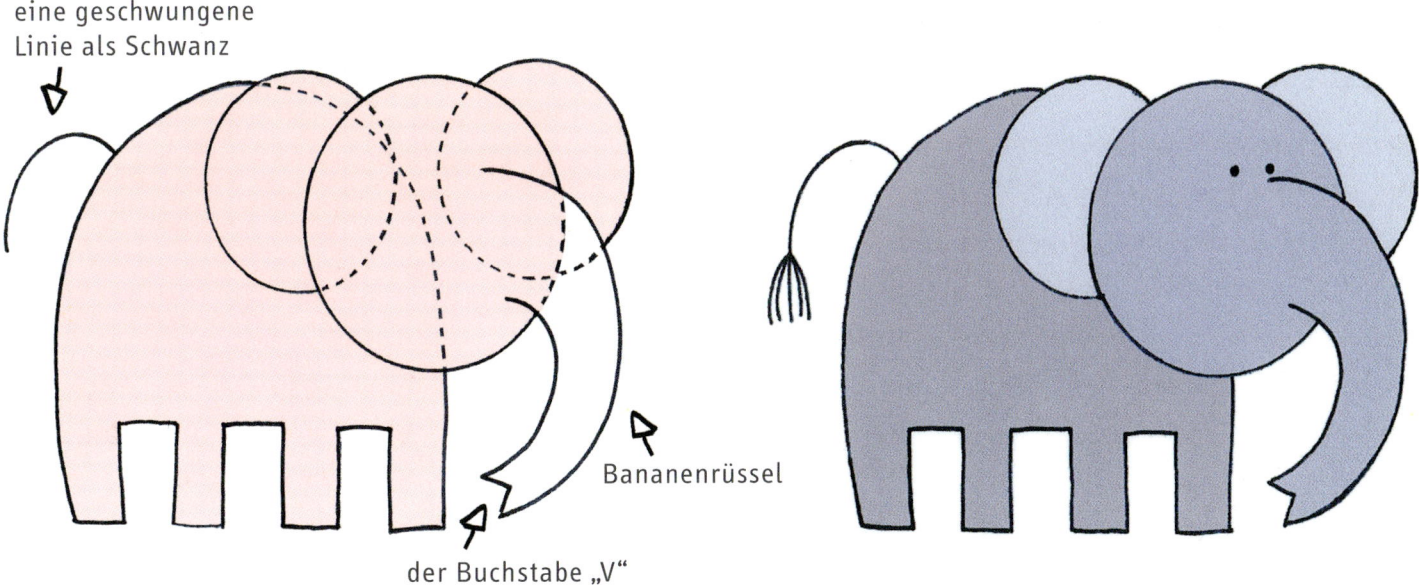

eine geschwungene
Linie als Schwanz

Bananenrüssel

der Buchstabe „V"

6 Zeichne doch gleich eine ganze Elefantenherde, am besten in unterschiedlichen Farben!

Ein cooler Traktor

Das brauchst du:

Papier

Bleistift

Radiergummi

schwarzer Stift

Wie wär's mit einem coolen Traktor? In der unten stehenden Schritt-für-Schritt-Anleitung sind jeweils diejenigen Teile des Bildes, die du zeichnen sollst, blau markiert. Warte aber wie immer mit dem Anmalen deines Kunstwerks, bis du ganz fertig bist.

❶ Beginne mit zwei unterschiedlich großen, nebeneinander liegenden Kreisen. Sie stellen die Räder dar.

Der kleinste Kreis ist das Vorderrad.

Gerade Linien, die in unterschiedlichen Winkeln zueinander stehen, bilden den Rumpf des Traktors.

❷ Für den Rumpf deines Traktors zeichnest du die Abbildung rechts ab. Versuche als Erstes, die Räder durch eine gerade Linie miteinander zu verbinden.

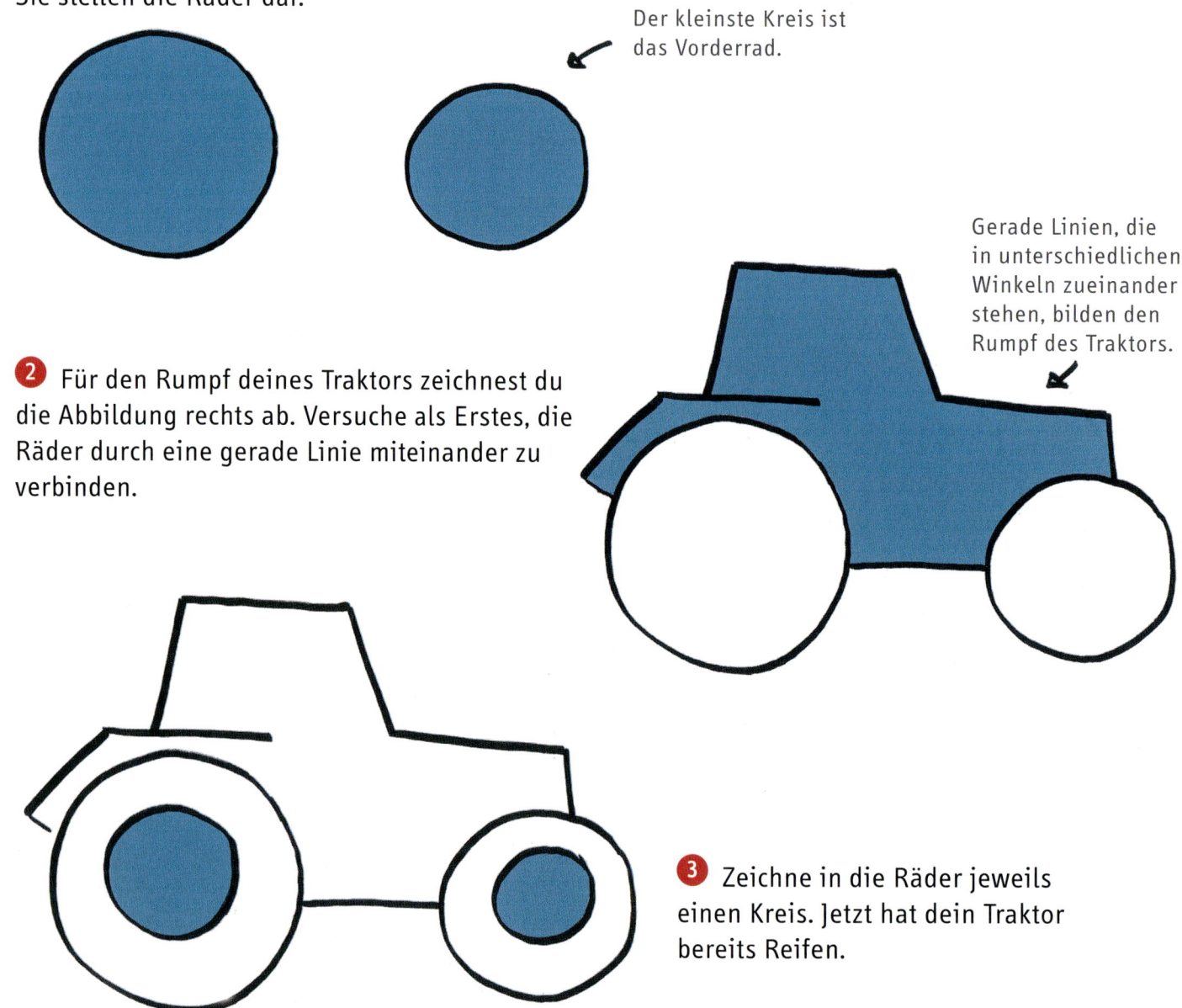

❸ Zeichne in die Räder jeweils einen Kreis. Jetzt hat dein Traktor bereits Reifen.

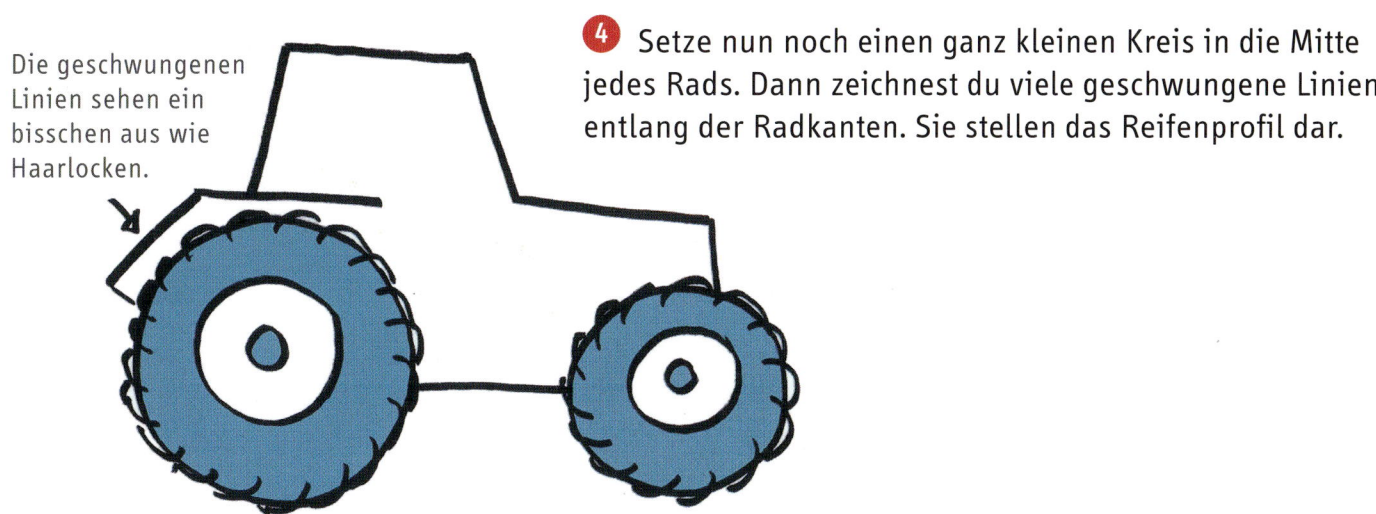

Die geschwungenen Linien sehen ein bisschen aus wie Haarlocken.

4 Setze nun noch einen ganz kleinen Kreis in die Mitte jedes Rads. Dann zeichnest du viele geschwungene Linien entlang der Radkanten. Sie stellen das Reifenprofil dar.

Fenster

5 Schau dir die Abbildung rechts an. Zeichne alle Linien nach, die du für die Fenster und die Tür brauchst. Dann bekommt die Motorhaube noch Streifen.

6 Du kannst noch mehr Details hinzufügen, bevor du dein Bild anmalst. Vergiss nicht das zylinderförmige Auspuffrohr! Es ragt aus der Motorhaube heraus.

49

Ein Zug – viele Varianten

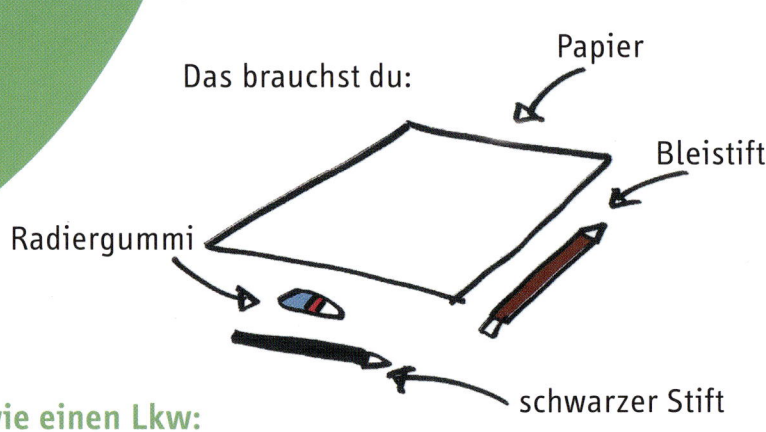

Das brauchst du:

Papier

Bleistift

Radiergummi

schwarzer Stift

Einen modernen Zug zeichnest du fast wie einen Lkw:
Er besteht ebenfalls aus vielen Rechtecken und Kreisen.
Wir fangen mit einem normalen Reisezug an, den wir dann
später in unterschiedliche Zugmodelle umwandeln.

1 Zeichne ein lang gezogenes Rechteck. Entlang der Unterseite platzierst du drei Kreispaare als Räder.

2 In die bereits gezeichneten Kreise kommt jeweils noch ein kleiner Kreis in die Mitte. Füge einige kleine Rechtecke als Fenster und Türen hinzu.

3 Ohne eine Kabine für den Zugführer kann dein Zug nirgendwohin fahren: Zeichne diesmal statt eines Rechtecks eine leicht geschwungene Form (siehe Abbildung).

geschwungene „Nase"

Zeichne eine Kupplung, damit du an die Lok anhängen kannst.

Die Türen reichen bis zum Boden.

... und so wird daraus ein Hochgeschwindigkeitszug!

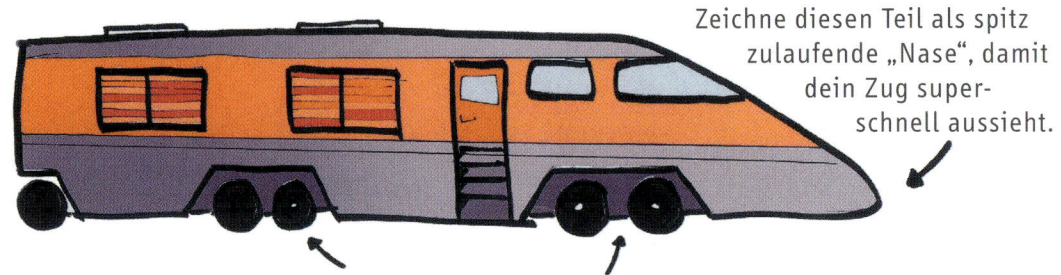

Zeichne diesen Teil als spitz zulaufende „Nase", damit dein Zug superschnell aussieht.

Platziere die Räder weiter oben, sodass sie sich im Rumpf des Zuges befinden.

Mit Zügen werden allerlei verschiedene Güter in unterschiedlichen Waggons befördert. Hier einige Vorschläge:

Zeichne eine Riesenwurst, damit daraus ein zylinderförmiger Tank entsteht.

Zeichne viele dünne, übereinander gestapelte Recht-ecke, die Baumstämme darstellen sollen. Sie werden durch Befestigungsriemen gehalten, die wie dürre Fin-ger aussehen.

Zeichne auf ein Rechteck eine geschwungene Linie, die eine Ladung Schotter darstellt. Die einzelnen Stein-chen werden durch winzige Kreise angedeutet.

Zeichne verschiedene Muster auf ein Rechteck (siehe Abbildung) und schon wird aus dem Waggon ein Lebensmittel-Container!

Zeichnest du hingegen einen Briefumschlag mit Stem-pel auf deinen Waggon, dann wird daraus ein Postzug.

Wenn du einen fahrenden Zug zeichnen möchtest, dann zeichne Menschen in die Fenster.
Es können auch Strichmännchen sein. Male alle deine Züge an, bevor der Zugbegleiter zur Abfahrt pfeift!

Ein süßes Äffchen

Das brauchst du:

Buntstifte

Papier

Bleistift

Jetzt zeichnen wir mit Hilfe der „Knetkugel-Technik" von Seite 12 ein kleines Äffchen.

1 Zuerst zeichnest du zwei Knetkugeln als Körper und Kopf.

2 Nun kommen die Beine dran.

3 Und jetzt die Arme.

4 Ergänze dein Äffchen mit zwei Ohren und einem Schwanz.

5 Für das Gesicht zeichnest du einen kleineren Kreis in den Affenkopf ein.

6 Nun fehlen nur noch die Gesichtszüge und etwas Farbe. Ist es nicht zum Knuddeln, dein Äffchen?

Befolge genau dieselben Arbeitsschritte, wenn du ein Äffchen auf allen Vieren zeichnen willst.

1 Beginne wieder mit zwei „Knetkugeln".

2 Füge zwei lange, schlaksige Beine hinzu.

3 Nun sind die Arme dran. Achte dabei auf den richtigen Winkel (siehe Abbildung).

4 Dein Äffchen bekommt jetzt noch einen Ringelschwanz und auf jeder Seite ein Ohr.

5 Durch einen kleineren Kreis in der Kopfmitte deutest du das Gesicht an. Zum Schluss zeichnest du deinem Äffchen noch ein breites Grinsen ins Gesicht!

Feuerwehrauto und Kipplaster

Das brauchst du:

Papier

Bleistift

Radiergummi

schwarzer Stift

Auf den folgenden Seiten lernst du, wie man ein Feuerwehrauto und einen Kipplaster zeichnet. Wir fangen mit dem Feuerwehrauto an.

1 Zeichne zwei Kreise als Räder. Kopiere das Führerhaus und die Karosserie von der unten stehenden Abbildung. Für die Hebebühne setzt du ein Dreieck auf die Karosserie und fügst danach zwei diagonale Linien hinzu. Dann lässt du vom oberen Teil ein Quadrat herunterhängen.

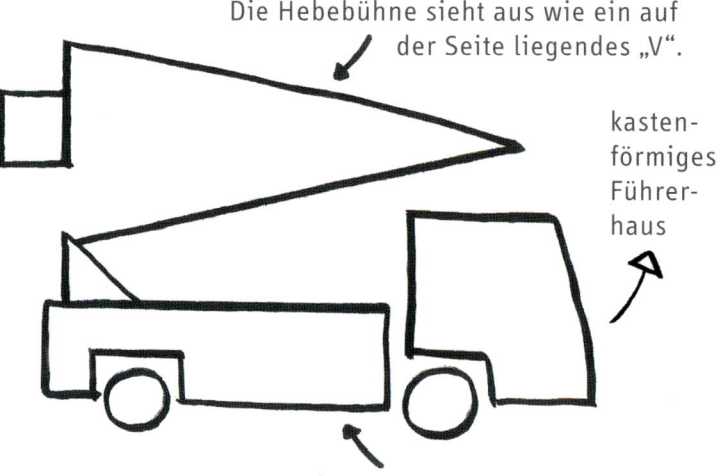

Die Hebebühne sieht aus wie ein auf der Seite liegendes „V".

kastenförmiges Führerhaus

Die Karosserie sollte halb so hoch sein wie das Führerhaus.

2 Jetzt kommen die Schattierungen dran. Damit erzeugst du Tiefe und Struktur. Ziehe zuerst sehr feine Linien. Wenn du mit der Form nicht zufrieden bist, dann kannst du die Linien immer noch ausradieren, ohne zu viele Spuren zu hinterlassen. Male deine fertige Skizze mit einem schwarzen Stift an.

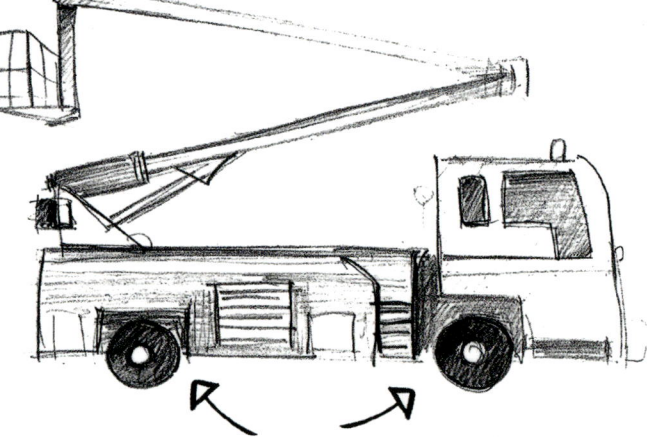

Schraffiere einige Teile stärker als andere, damit sie dunkler wirken.

3 Male dein Feuerwehrauto in einer fröhlichen Farbe an. Natürlich in Rot, was sonst?

Ein Kipplaster hat eine sehr auffällige Form.

Kippmulde

1 Beginne mit den beiden Rädern und verbinde sie durch eine waagerechte Linie. Zeichne die Umrisse des Führerhauses wie auf der Abbildung rechts. Danach fügst du die Kippmulde hinzu. Versuche mal, sie in einem Zug zu zeichnen, also ohne den Stift abzusetzen!

Führerhaus

2 Den Bauschutt zeichnest du mit einer Wellenlinie. Nun fehlen noch die Fenster auf dem Führerhaus. Auf der Abbildung siehst du, welche Details du noch hinzufügen kannst, damit dein Kipplaster auch ganz realistisch aussieht und mehr Tiefe erhält. Wenn du mit deinem Werk zufrieden bist, dann male mit dem schwarzen Stift darüber.

3 Zum Schluss malst du den fertigen Kipplaster orange oder gelb an. Er muss gut sichtbar sein!

Zeichnen lernen: Zusammenfassung

Alles, was du in diesem Kapitel gelernt hast, kannst du in einem großen Bild zusammenfassen. Kreiere dein ganz persönliches Tierbild mit einem Krokodil, einer Elefantenfamilie, einigen verrückten Äffchen – und einem Drachen!

Du bist jetzt in der Lage, wunderschöne Zeichnungen anzufertigen. Im folgenden Kapitel lernst du alles über den optimalen Einsatz von Farben. Kunst ist viel mehr als Bleistifte und Buntstifte!

Farben verwenden

Ein Lkw in Fahrt mit Pastellkreide

Das brauchst du:

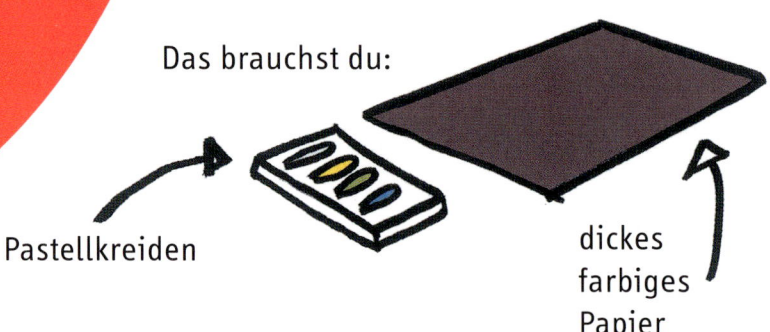

Pastellkreiden

dickes farbiges Papier

Mit Pastellkreiden lässt es sich genauso leicht zeichnen wie mit Buntstiften: Auch sie lassen sich mischen und in mehreren Schichten auftragen. Auf diesen Seiten lernst du, wie man sie richtig einsetzt.

❶ Mit einer hellgelben Pastellkreide zeichnest du zuerst einen großen Halbkreis als Hügelform. Dann malst du ihn an.

❷ Mit einer blauen Pastellkreide zeichnest du sechs kleine Kreise auf den Hügel (siehe Abbildung). Sie stellen die Räder deines Lkws dar.

❸ Der geschwungene Rumpf des Lkws ist aus einem helleren Blau. Verwische mit deinem Finger die Farbe am hinteren Teil des Lkws.

❹ Zeichne auch das Führerhaus mit Hellblau. Wenn du nicht mehr weißt, wie man ein Führerhaus zeichnet, kannst du auf den Seiten 36 und 37 nachsehen. Verwische auch beim Führerhaus die Farbe.

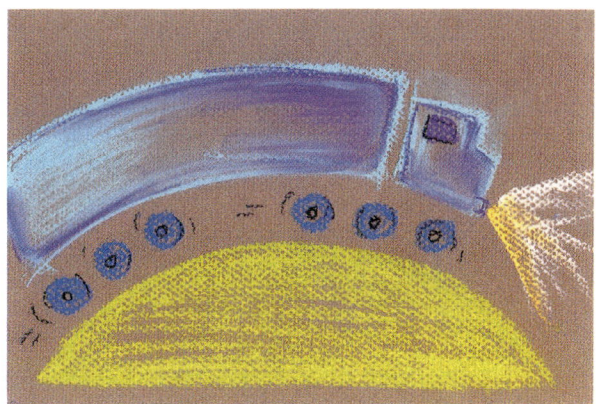

5 Nimm eine schwarze Pastellkreide und zeichne in jedes Rad einen kleinen Kreis. Verziere die Räder mit ein paar Schnörkeln, damit es aussieht, als ob sie sich bewegten. Grenze die Umrisse des Lkw-Rumpfes mit violetter Farbe ab und verwische die Farbe im vorderen Teil mit deinem Daumen.

6 Beim Führerhaus gehst du genauso vor. Für das Fenster des Führerhauses nimmst du ein dunkleres Blau. Für die Strahlen des Vorderlichts zeichnest du mit weißer Pastellkreide ein paar Linien vor deinen Lkw ein. Dann fügst du noch weitere Linien in Gelb hinzu.

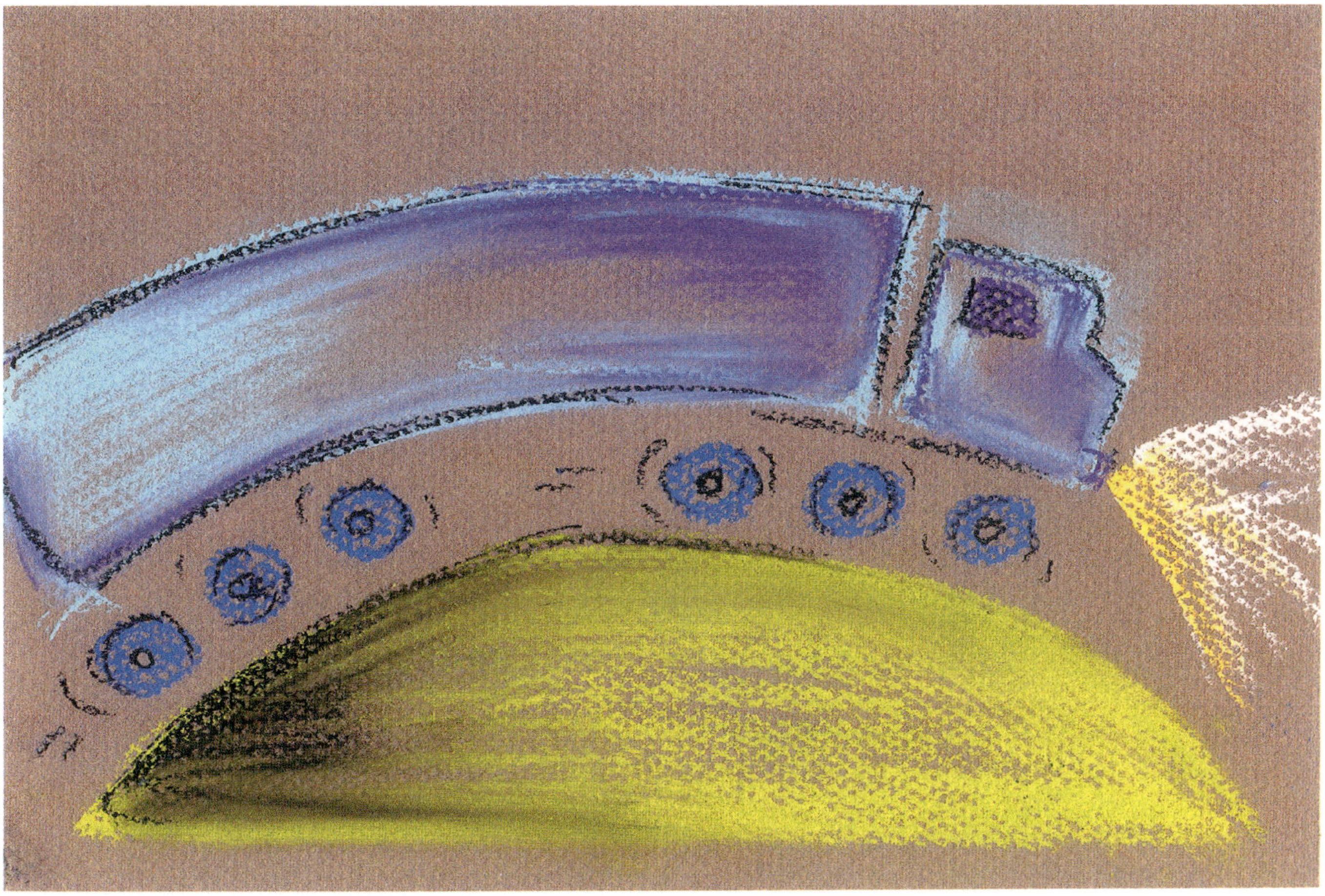

7 Schraffiere nun die Konturen deines Lkws nochmals mit Schwarz und verleihe ihm weitere Schattierungen. Er soll aussehen, als ob er sich in voller Fahrt befände!

Eine Echse mit Filzstiften

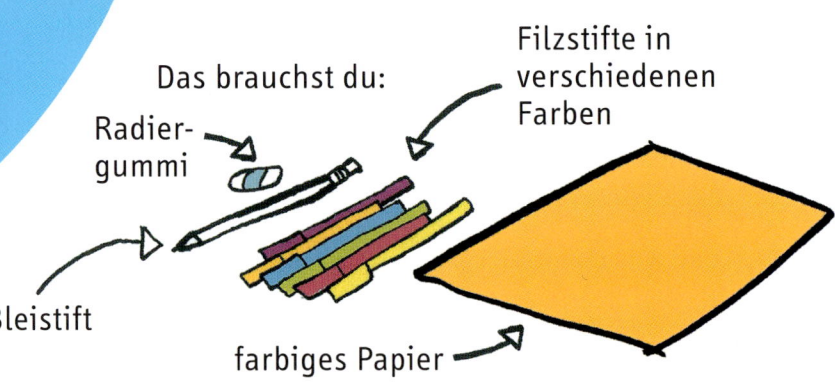

Das brauchst du:

Radier-gummi

Filzstifte in verschiedenen Farben

Bleistift

farbiges Papier

Als Nächstes zeichnen wir eine prähistorische Echse.

1 Zeichne deine Echse mit einem pinkfarbenen Filzstift. Du hast sicherlich gleich gemerkt, dass sie ähnlich aussieht wie das Krokodil von Seite 34. Allerdings hat sie einen Buckel und einen Ringelschwanz.

Übrigens: Wenn du dir nicht sicher bist, welche Form deine Echse haben soll, dann zeichne sie zuerst mit Bleistift und später mit Filzstift! Anschließend nimmst du einen blauen Filzstift und fügst ein paar Schäfchenwolken hinzu.

2 Nimm wieder den pinkfarbenen Filzstift und male damit die Wirbelsäule und die Beine deiner Echse an. Bedecke den Körper mit unzähligen kleinen Kreisen. Mit dem gleichen Stift setzt du in jeden Kreis einen winzigkleinen Punkt. Mit dem blauen Filzstift füllst du die Wolken mit spiralförmigen „Schnecken-häusern" aus.

3 Das Gras zeichnest du mit einem grünen Filzstift (siehe Abbildung).

4 Der ganze Himmel wird mit orangefarbenen Schnörkellinien ausgefüllt, die sich um die Wolken und die Echse legen.

5 Jetzt geht es mit der Echse weiter. Mit dem pinkfarbenen Stift ziehst du Kreise um die kleinen Kreise und noch mehr Kreise um die größeren Kreise, bis die ganze Echse damit bedeckt ist!

Und so sieht sie dann aus ... deine prähistorische Schnörkel-Echse!
Ein Meisterwerk mit Filzstiften gezeichnet!

Ein Namensschild in Kratz-Technik

Das brauchst du:

schwarze Tinte

schwarzer Stift

Wachsmalkreiden in Rot, Blau und Gelb

einen großen Pinsel und einen Schraubenzieher oder Schlüssel

Karton oder dickes Papier

1 Schreibe deinen Namen in Großbuchstaben. Achte darauf, dass sich die einzelnen Buchstaben berühren.

2 Fahre den Umriss deines Namens mit einem schwarzen Stift nach, sodass sich ein gemeinsamer Umriss ergibt.

3 Male die Buchstaben mit den roten und blauen Wachsmalkreiden aus.

4 Dann malst du den Hintergrund gelb an.

5 Nimm den großen Pinsel und übermale das gesamte Bild mit schwarzer Tinte. Warte, bis die Tinte trocken ist.

6 Mit dem Schraubenzieher oder Schlüssel kratzt du nun so viel Tinte ab, bis die farbige Wachsmalkreide darunter zum Vorschein kommt. Das Kratzmuster kann ruhig sehr fantasievoll sein!

7 Kratze dein Bild so lange ab, bis dein Name komplett ist! Anschließend kannst du noch weitere Muster und Figuren in das restliche Schwarz ritzen.

Eine Giraffenfamilie zum Liebhaben

Das brauchst du:

braunes Packpapier

Ölpastellfarben
oder Pastellkreiden
oder andere Pastellfarben

Jetzt wenden wir uns Giraffen zu. Sie sind liebenswerte Gesellen und ganz einfach zu zeichnen. Ich habe dafür Ölpastellfarben verwendet. Sie sind wie Pastellkreiden, nur etwas schwerer und farbintensiver. Du kannst aber genauso Pastellkreiden oder andere Pastellfarben nehmen.

Hier die Konturen einer Giraffe:

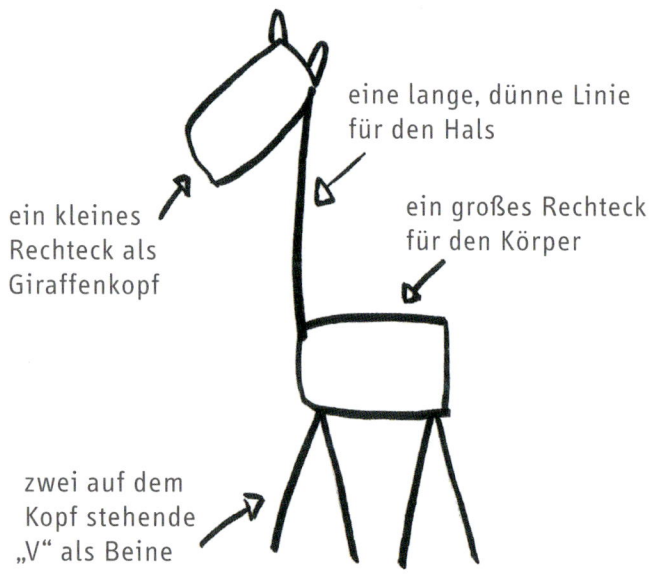

ein kleines Rechteck als Giraffenkopf

eine lange, dünne Linie für den Hals

ein großes Rechteck für den Körper

zwei auf dem Kopf stehende „V" als Beine

1 Ziehe eine lange Zickzacklinie über das braune Packpapier. Schraffiere es leicht in derselben Farbe.

2 Mit einem kräftigen Gelb zeichnest du die Konturen einer großen Giraffe und malst sie dann aus.

3 Nun platzierst du dahinter noch zwei Baby-Giraffen.

4 Mit dem gleichen Gelb zeichnest du die Sonne am Himmel. Um die Giraffen herum deutest du durch grüne Schattierungen das Gras an.

5 Vervollständige die Giraffen mit braunen Flecken und zeichne einen blauen Himmel.

6 Ziehe mit der blauen Farbe die Umrisse der Giraffen nach und füge weitere Details wie z. B. Schwanz, Augen und Ohren hinzu. Sehen sie nicht niedlich aus? Man kann fast spüren, wie die heiße Sonne auf die Giraffenrücken brennt.

Eine megacoole Dampflok mit Pastellkreide

Das brauchst du:

farbiges Papier

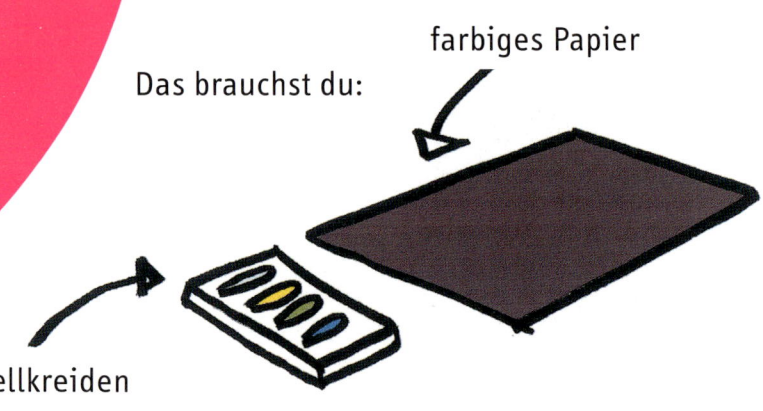

Pastellkreiden

Auf den Seiten 58 und 59 dieses Buches hast du gelernt, wie man mit Pastellkreiden einen fahrenden Lkw zeichnet. Jetzt zeige ich dir, wie du damit ein Bild mit viel mehr Details zeichnen kannst, und zwar eine fahrende Dampflok!

1 Mit einer braunen Pastellkreide zeichnest du die groben Umrisse eines fahrenden Zuges (siehe Abbildung).

2 Das Gras schattierst du mit einer grünen Pastellkreide ab, indem du nicht mit der Spitze, sondern mit der Seitenfläche schraffierst.

3 Den Himmel schraffierst du teilweise in Blau und füllst die Lücken mit weißer Pastellkreide, um die Wolken anzudeuten. Mit deinem Finger verreibst du die beiden Farben dort, wo sie aufeinander treffen.

4 Mit gelber Pastellkreide zeichnest du ein paar Lichter vorne an den Zug und einige Fenster auf die Waggons.

5 Umfahre nun die Konturen des vorderen Zugteils ein weiteres Mal in einem dunkleren Braunton oder in Schwarz. Mit dem Daumen verwischst du die Kreide in Richtung der Teile, die du vorhin umrissen hast.

6 Dasselbe machst du mit dem restlichen Zug. Reibe einige schwarze Flecken in den Himmel, damit es wie Rauch aussieht.

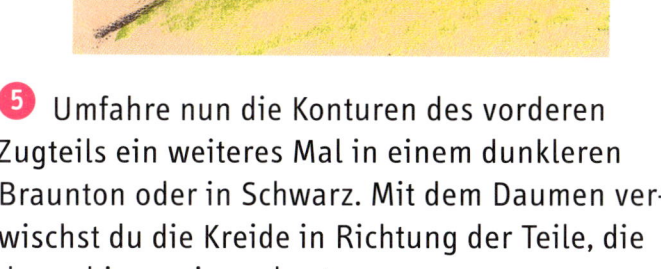

7 Jetzt musst du deine Hände von der schwarzen Farbe reinigen und trocknen. Mit einer violetten Pastellkreide zeichnest du die Konturen des Zuges wiederum nach und verreibst die Farbe dann wie vorhin in den gesamten Zug. An mehreren Stellen fügst du noch etwas Weiß hinzu.

8 Zum Schluss umrandest du die Konturen der Fenster mit schwarzer Pastellkreide, ebenso einige andere Teile deines Zuges wie z. B. den großen Scheinwerfer.

Die Fahrt kann losgehen!

Ein Monster-Truck mit Buntstiften

Das brauchst du:

weißes Papier
Radiergummi
Buntstifte

Bei diesem Meisterwerk kannst du testen, ob du die Techniken von Seite 26 auch wirklich beherrschst!

1 Mit einem dunkelblauen oder schwarzen Buntstift zeichnest du die Umrisse einer Action-Szene. Zeichne den abgebildeten Monster-Truck ab. Er rast gerade von einer Rampe in einen Feuerring hinein.

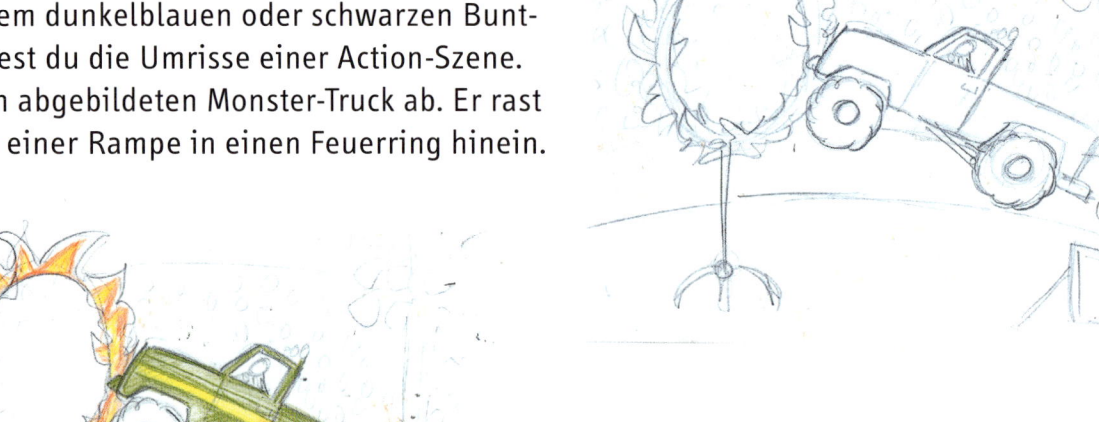

2 Schraffiere deinen Monster-Truck, indem du mehrere Farben übereinander aufträgst. Zeichne viele kleine Linien in entgegengesetzter Richtung. Für den Feuerring verwendest du Gelb und Orange.

3 Um die Flammen herum arbeitest du mit einem hellen Rot. Auch aus dem Auspuff des Trucks kommt Feuer!

4 Schattiere die Räder mit einem schwarzen Stift. Verwende ihn ebenso, um das Profil und die Struktur der Reifen herauszuarbeiten.

5 Jetzt färbst du den Untergrund ein. Ich habe dazu Grün, Blau, Braun und Schwarz verwendet.

6 Für den Zaun nimmst du einen blauen, für die Rampe einen schwarzen Buntstift.

7 Durch unzählig viele, angedeutete Kreise kannst du das Publikum darstellen. Zeichne einigen von ihnen ein freundliches Lächeln ins Gesicht. Male das restliche Bild an und gehe dann mit deinen Farben nochmals über das gesamte Bild, um ihm mehr Struktur zu verleihen. Und dann: Bahn frei!

Großstadt bei Nacht mit Buntstiften

Das brauchst du: Buntstifte · fünf Blatt schwarzes Papier · Klebestift → · Schere → · fünf Stück Karton (kannst du auch weglassen)

Buntstifte sind einfach toll, weil man sie sowohl auf hellem als auch auf schwarzem Papier verwenden kann. Das probieren wir jetzt an einer Nachtszene aus.

1 Zuerst kommen die fünf Blatt schwarzes Papier dran. Auf das erste zeichnest du nur oben einen Mond. Danach legst du es beiseite. Später klebst du dann die anderen Schichten daran fest.

Schicht 1

2 Auf das zweite Blatt Papier zeichnest du die Skyline einer City: Sie sollte etwa zwei Drittel des Blattes einnehmen. Schneide die Umrisse der Skyline aus und deute dann die Umrisse der Gebäude mit einem weißen Stift an. Füge gelbe und orangefarbene Schattierungen hinzu.

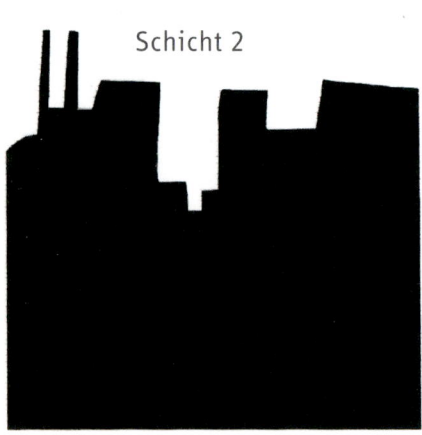

Schicht 2

3 Auf das nächste Blatt Papier zeichnest du die Horizontlinie einer Stadt, die etwas niedriger als die vorige Schicht sein sollte. Schneide sie aus und zeichne dann die Gebäudedetails mit weißer Farbe ein. Wenn du möchtest, kannst du die Details auch in anderen Farben ausmalen.

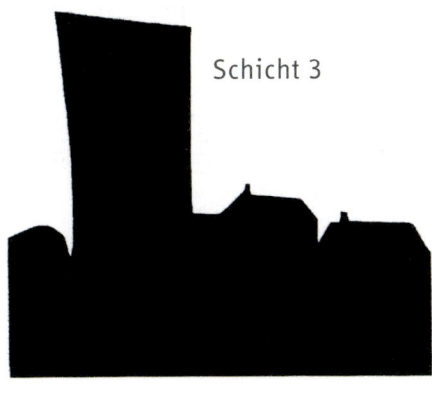

Schicht 3

4 Das Gleiche machst du mit dem nächsten Blatt Papier. Aber diesmal sollte die Silhouette noch weiter unten enden. Denk daran: Je weiter sich die Gebäude im Vordergrund befinden, umso mehr Details und Farbe kann man erkennen.

Schicht 4

5 Zeichne jetzt Schicht Nr. 4: Sie bekommt die meisten Details und ist am niedrigsten.

5 Wenn du mit deinen vier Schichten zufrieden bist, dann kannst du sie nacheinander auf das erste Blatt Papier (das du anfangs beiseite gelegt hast) aufkleben. Wenn du deinem Bild mehr Tiefe verleihen willst, kannst du auch wahlweise jede Schicht vorher auf Karton aufkleben. Wenn zum Schluss dann alle Schichten übereinander geklebt sind, wird der 3-D-Effekt dadurch noch verstärkt.

Eine Schneeland-schaft mit Pastellkreide

Das brauchst du:

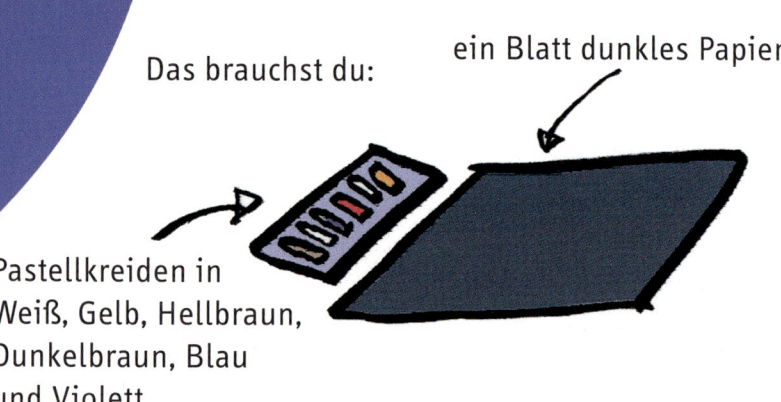

ein Blatt dunkles Papier

Pastellkreiden in Weiß, Gelb, Hellbraun, Dunkelbraun, Blau und Violett

Mit Pastellkreiden kannst du einen zauberhaften Schnee-Effekt erzeugen. Zusammen mit dem Rentier und dem Schneemann wird daraus eine tolle Schneelandschaft.

Aus dieser Richtung kommt das Licht.

Hier sind die dunkelsten Schatten.

1 Skizziere auf dein dunkles Papier mit hellbrauner Pastellkreide die Umrisse eines Rentiers.

Mit weißer Pastellfarbe zeichnest du in die rechte obere Ecke deines Blattes einen zarten Kreis Er soll dich daran erinnern, aus welcher Richtung das Licht einfällt. Danach zeichnest du die groben Umrisse des Schneemannes.

Die verschiedenen Schatten erscheinen in vielen unterschiedlichen Farben. Für das Rentier verwendest du Gelb, Hellbraun, Dunkelbraun und Violett und für den Schneemann Weiß, Blau und Violett.

Jetzt fangen wir mit dem Aufbau des Bildes an.

2 Beginne mit den „Highlights", dem Hellbraun und Weiß.

3 Danach kommen die Schatten dran – in Violett.

4 Male den Körper des Rentiers an und bearbeite nochmals die hervorgehobenen Bereiche, also die „Highlights". Das Gleiche machst du mit den Schatten, damit ein stärkerer Kontrast entsteht.

5 Zum Schluss zeichnest du mit weißer Pastellkreide den herabfallenden Schnee in Form von unzähligen Pünktchen und Klecksen.

Eine Unterwasser- szene mit Wachsmalkreide

Das brauchst du:

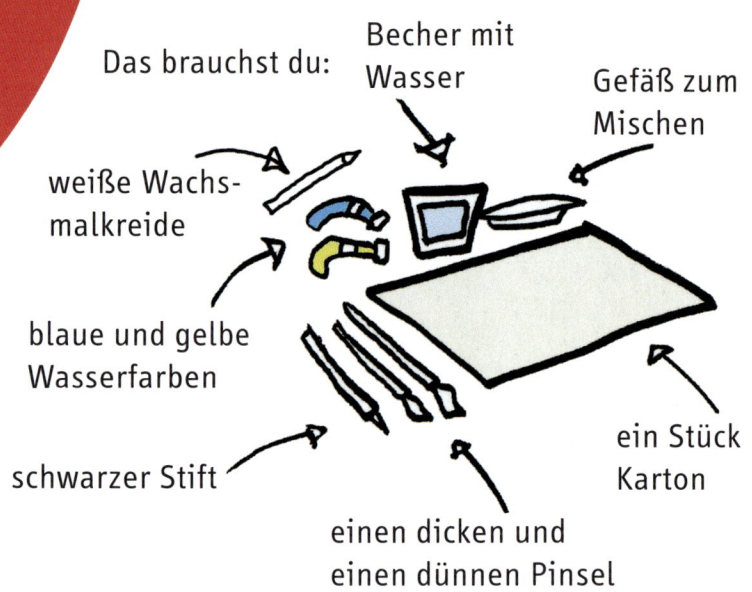

weiße Wachs- malkreide

blaue und gelbe Wasserfarben

schwarzer Stift

Becher mit Wasser

Gefäß zum Mischen

ein Stück Karton

einen dicken und einen dünnen Pinsel

1 Entscheide dich für ein Bildmotiv (z. B. ein Fisch oder eine Krake) und zeichne es mit einem schwarzen Stift vor.

2 Mit der weißen Wachsmalkreide zeichnest du sorgfältig die Details wie Schuppen, Luftblasen usw. ein.

3 Jetzt kommt die blaue Wasserfarbe dran: Mische sie mit viel Wasser und trage sie mit dem dicken Pinsel auf das ganze Blatt auf.

4 Nimm den dünnen Pinsel und mische die blaue Farbe nochmals – diesmal aber mit sehr wenig Wasser. Ziehe damit alle schwarzen Linien nach.

5 Mit der blauen Farbe widmest du dich jetzt zusätzlichen Details, wie z. B. den Schuppen, oder du betonst damit die Wasserpflanzen.

6 Zum Schluss mischst du die gelbe Wasserfarbe mit Wasser (aber nicht zu viel, damit sie nicht zu dünnflüssig wird) und malst damit über deinen Fisch oder deine Krake. Das verleiht dem Tier ein glänzendes Aussehen unter Wasser!

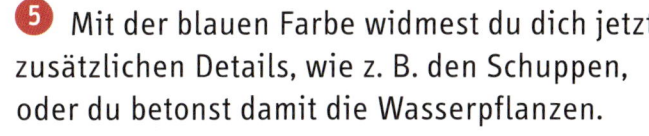

Eine Katze in Batik-Technik

Das brauchst du:

Bügeleisen

ein dünnes Blatt Papier und eine alte Zeitung

Wachsmal-kreiden

dicker Pinsel

rote Plakatfarbe

schwarzer Stift

1 Mit dem schwarzen Stift zeichnest du dein Motiv auf das dünne Papier auf.

2 Dann malst du mit den Wachsmalkreiden das Bild aus. Übrigens: Ich habe die weißen Punkte mit weißer Wachsmalkreide angemalt, weil sie dadurch später am besten zur Geltung kommen.

3 Zerknülle das Bild zu einer Kugel. Pass auf, dass du es nicht zerreißt!

4 Streiche das Bild wieder glatt und übermale es mit der roten Plakatfarbe, die du mit dem dicken Pinsel aufträgst. Nun musst du warten, bis dein Bild ganz trocken ist.

⑤ Bitte einen Erwachsenen, dir beim folgenden Schritt zu helfen.
Schalte das Bügeleisen an und stelle die niedrigste Temperaturstufe ein.
Nimm zwei Seiten einer alten Zeitung und lege dein Bild dazwischen.
Jetzt bügelst du über die Zeitung mit deinem zerknitterten Gemälde drin.

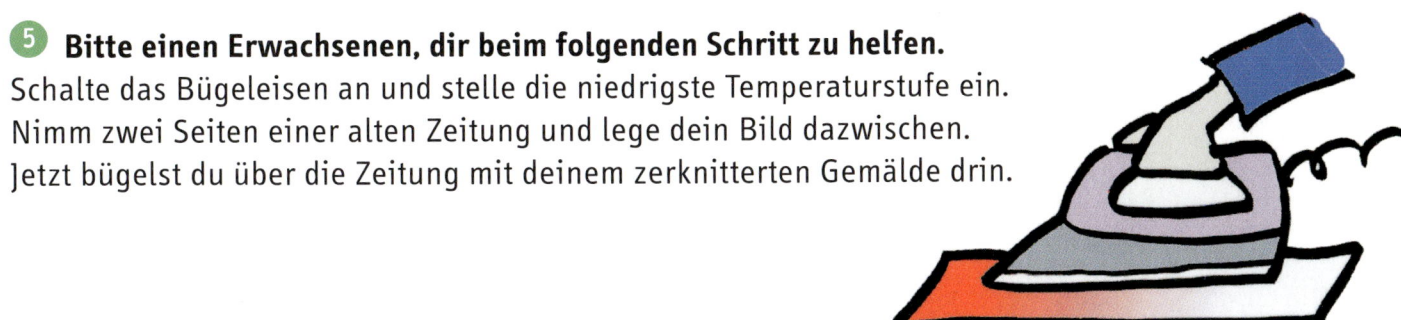

⑥ Du wirst sehen, wie das Bügeleisen das Wachs schmelzen lässt und das Bild
darunter zum Vorschein kommt! Es wirkt völlig zerknittert, aber bunt und cool!

Farben verwenden: Zusammenfassung

In diesem Kapitel konntest du deine Kreativität unter Beweis stellen und prächtige, farbenfrohe Kunstwerke erschaffen.

Wenn du aus meinen Tipps den größten Nutzen ziehen möchtest, dann wende die Techniken zusammen mit unterschiedlichen Materialien an. So kannst du z. B. für dein Bild mit der Schnörkel-Echse statt Filzstifte auch mal Ölfarben verwenden.

Und wenn du die Seiten 74 und 75 als Vorlage benutzt, kannst du mit der Breitseite deiner Pastellkreiden eine weiche, lebendige Unterwasserwelt kreieren.

Bist du bereit, mit weiteren Techniken zu experimentieren und praktische Erfahrung zu sammeln? Dann schau dir das nächste Kapitel an und lass deiner Fantasie freien Lauf!

Basteln und Gestalten

Ein Paradiesvogel in Collage-Technik

Das brauchst du:

Becher mit Wasser

Pinsel

Acryl- oder Plakatfarben

dicker, schwarzer Stift (Marker)

ein Blatt Papier und einen DIN-A4-Karton

Klebestift

Und hier kommt die erste aufregende Idee in diesem Kapitel!

❶ Trage auf dein Blatt Papier viele verschiedene Farben auf. Achte darauf, dass du auch viele Grüntöne verwendest.

❷ Wenn die Farben getrocknet sind, zerreiße das Papier in kleine Schnipsel. Sortiere sie nach Farben auf mehrere Stapel.

❸ Nimm alle Stückchen von deinem grünen Stapel und klebe sie auf ein dickes Blatt Papier bzw. einen Karton im DIN-A-4-Format. Mach das so lange, bis die ganze Seite bedeckt ist. Wenn dir die grünen Schnipsel ausgehen, dann mal einfach noch welche dazu oder zerreiße ein Bild mit grünem Laub aus einer Zeitschrift oder Zeitung.

4 Wenn der Klebstoff trocken ist, zeichnest du mit einem dicken, schwarzen Stift die groben Umrisse deines Vogels auf.

5 Nimm nun die gelben Papierstückchen und gestalte daraus den Schnabel. Den Vogelkörper setzt du aus blauen, orangefarbenen und roten Papierschnipseln zusammen. Die Schwanzfedern kannst du in beliebigen Farben gestalten.

6 Zum Schluss ziehst du mit deinem Marker noch mal die Konturen deines Vogels nach. Für das Auge schneidest du eine ovale Form aus weißem Papier aus und zeichnest darauf das munter dreinblickende Auge! Aufkleben und schon ist dein Bild fertig!

Eine Weltraum-rakete in Collage-Technik

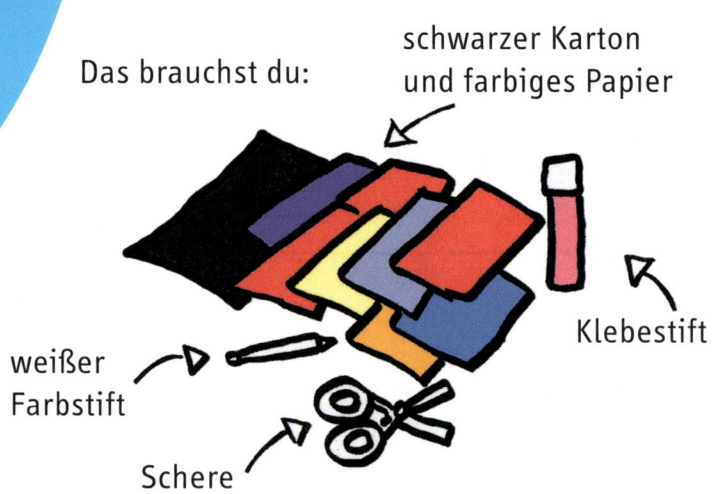

schwarzer Karton und farbiges Papier

Klebestift

weißer Farbstift

Schere

1 Als Erstes zeichnest du mit dem weißen Stift unzählige kleine Sternchen auf den schwarzen Karton.

Danach schneidest du aus verschiedenfarbigem Papier ein Rechteck, ein Dreieck und eine Form, die aussieht wie ein Scheibe Toastbrot, aus! Das sind die Hauptbestandteile deiner Rakete.

2 Jetzt schneidest du noch weitere Formen aus, um die Rakete zu gestalten.

3 Für die Flammen zeichnest du die drei rechts abgebildeten Formen auf orangefarbenes, rotes und gelbes Papier auf. Jede Form sollte jeweils etwas kleiner sein als die vorangegangene. Schneide sie aus und klebe sie übereinander. So wirken sie wie echte Flammen.

4 Für den Mond schneidest du einen großen Kreis und ein Oval aus. Dann schneidest du aus dem Oval die Mitte heraus, sodass ein Ring entsteht. Schiebe den großen Kreis vorsichtig in den Ring und schon hast du einen neuen Planeten erschaffen!

5 Jetzt sollte deine Weltraumrakete ungefähr so aussehen.

6 Dekoriere deine Rakete und den Mond, indem du aus farbigem Papier dünne Streifen und Kreise herausschneidest. Und schon ist deine Rakete startbereit!

7 Wenn du Lust hast, gestalte einfach weitere Weltraumbilder ....

Sonnenblumen aus Seidenpapier

Das brauchst du:

Bleistift

ein Blatt Papier und viel Seidenpapier

Klebestift

schwarzer Kugelschreiber oder Filzstift

1 Zuerst fertigst du von deinem Bild eine Bleistiftskizze an.

2 Danach reißt du für die Köpfe der Sonnenblumen gelbes Seidenpapier in kleine Stückchen. Klebe sie mit dem Klebestift auf.

3 Die oberen Kanten umklebst du mit blauem Seidenpapier. Keine Sorge, es muss nicht ganz akkurat aussehen!

4 Beklebe nun die untere Hälfte des Bildes mit grünem Seidenpapier. Jetzt ist das ganze Blatt bereits schön bunt!

5 Nun werden die einzelnen Farben nacheinander hinzugefügt: Klebe noch mehr Orange und Gelb in die Mitte der Sonnenblumen.

6 Für die Blätter und Stängel reißt du dünne Streifen aus grünem Seidenpapier und klebst sie fest.

7 Zum Schluss fügst du mit dem schwarzen Stift noch letzte Details hinzu und umrandest die einzelnen Formen. Damit hast du deine Sonnenblumen zum Leben erweckt!

Ein stacheliger Igel in Druck-Technik

Das brauchst du:

drei Plakatfarben in Orange, Gelb und Braun

ein Blatt schwarzes Papier

drei Untertassen

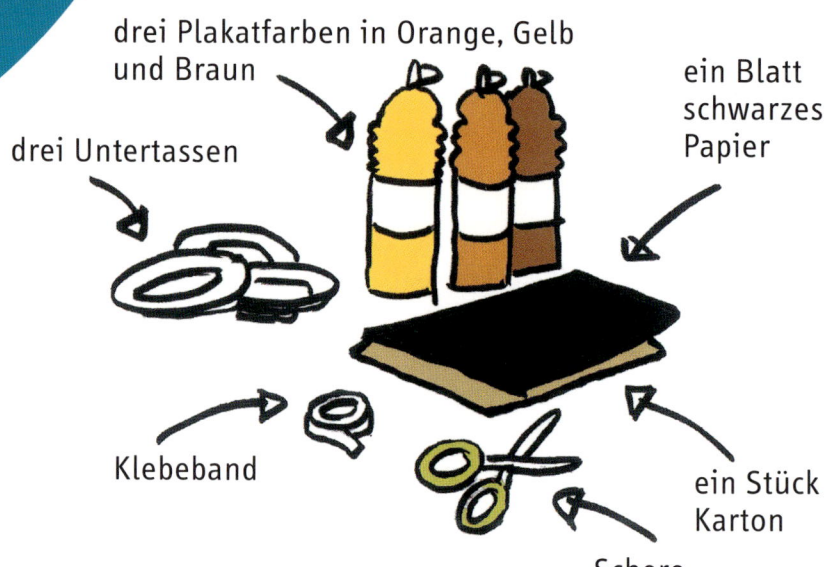

Klebeband

ein Stück Karton

Schere

Das wird dir bestimmt Spaß machen! Wir drucken jetzt mit Farben. Druckmuster sind sehr cool, weil man nie genau weiß, wie die Farben auf dem Papier rauskommen. Das Ergebnis ist also immer eine kleine Überraschung!

Bevor wir anfangen, müssen wir die Druckformen herstellen.

1 Nimm den Karton und schneide daraus drei unterschiedlich große Dreiecke. Du kannst sie entweder frei Hand oder mit Hilfe eines Lineals aufzeichnen. Dann schneidest du sie mit der Schere aus. Diese Dreiecke dienen als Druckformen.

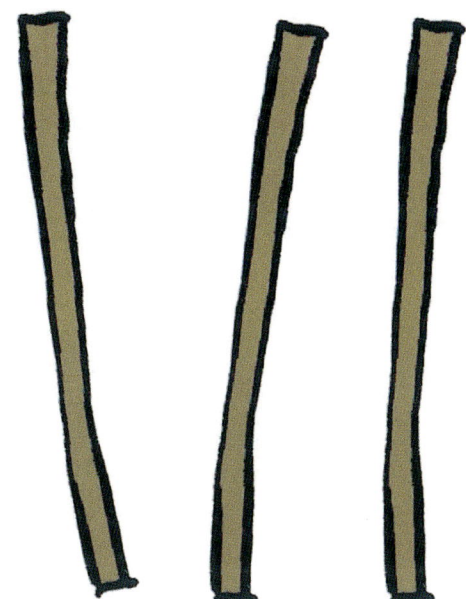

2 Lege die Dreiecke beiseite und schneide drei Streifen (jeder etwa einen Zentimeter breit) aus dem restlichen Karton aus. Diese Streifen dienen als Griffe für deine Druckformen.

3 Für die Griffe faltest du jeden Streifen auf die Hälfte zusammen. Die Enden biegst du nach oben, sodass kleine Laschen entstehen. Nun bekommt jedes Dreieck einen Griff. Dazu befestigst du die Laschen mit Klebeband.

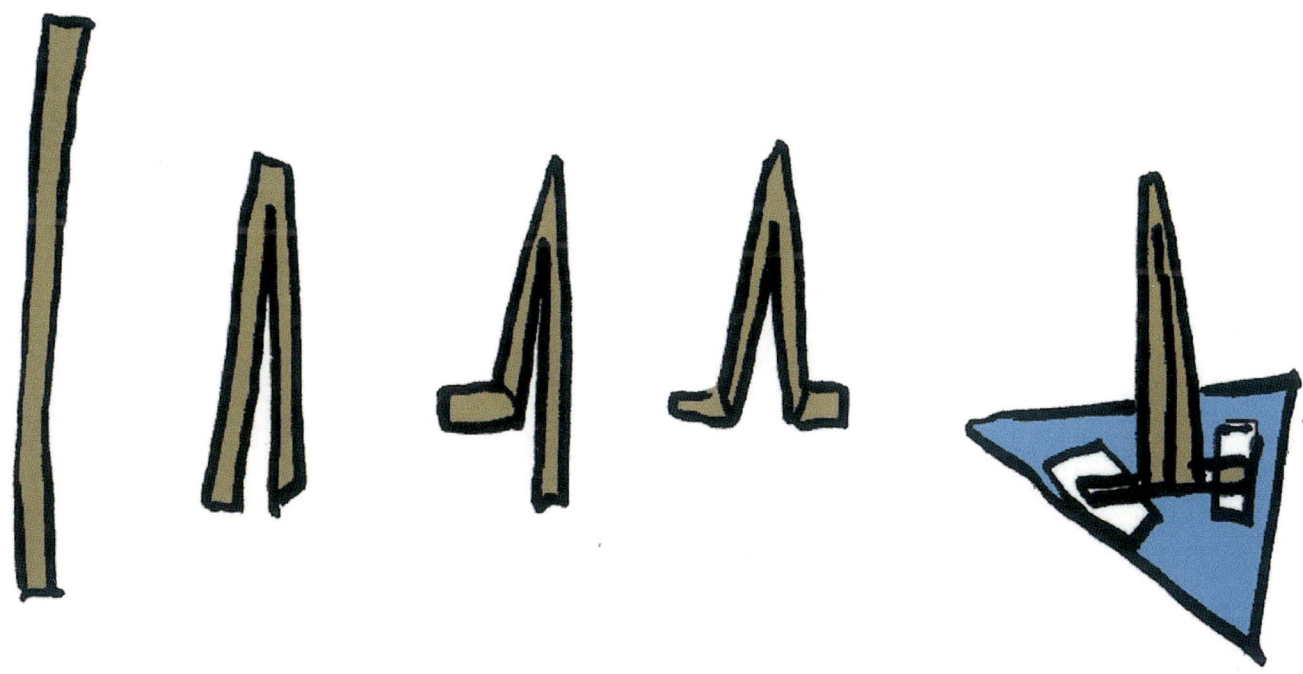

4 Fülle nun jede der Plakatfarben in eine separate Untertasse, sodass du schließlich eine gelbe, eine orangefarbene und eine braune Untertasse hast. Super. Jetzt kann's losgehen!

5 Tauche deine größte Druckform in die orangefarbene Untertasse. Dann drückst du die Form auf die linke untere Ecke deines Papiers.

6 Danach tauchst du die mittelgroße Druckform in die braune Farbe. Drucke damit mehrere bogenförmig angeordnete Dreiecke (siehe Abbildung).

7 Anschließend nimmst du die kleinste Druckform, tauchst sie in die gelbe Untertasse und druckst damit einen kleineren Bogen unter die braunen Dreiecke.

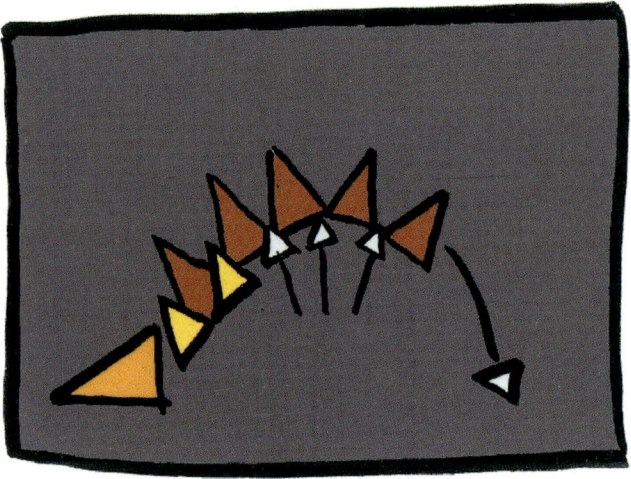

Richte dich einfach nach diesem Muster.

8 Darunter setzt du noch einen dritten Bogen aus Dreiecken. Auch diesmal tauchst du die mittlere Druckform zuerst in die braune, dann in die orangefarbene Untertasse.

9 Zum Schluss tauchst du die kleine Dreieckform in die gelbe Farbe und druckst damit noch den untersten Bogen.

10 Ich habe bei meinem Bild mit der braunen, mittelgroßen Druckform aufgehört. Du kannst jedoch weitermachen, solange du möchtest! Um deinem Bild das letzte Detail zu verpassen, tauchst du deinen kleinen Finger in die braune Farbe und formst damit das große Auge.

Ein spektakulärer Crash

Das brauchst du:

Becher mit Wasser

Plakatfarben

dickes Papier oder Karton

Bleistift und Pinsel

Lineal

An dieser Action-Szene wirst du sicherlich deine Freude haben. Ich zeige dir, wie ein Lkw in voller Fahrt mit einem Auto kollidiert! Zum Glück bleiben die beiden Fahrer unverletzt! Diese rasante Szene kannst du ganz leicht auf einem Blatt Papier gestalten.

1 Miss die Längsseite deines Papiers ab und teile die Zahl durch drei. Ziehe mit dem Bleistift zwei gestrichelte Linien, die das Papier in drei gleich große Bereiche unterteilen. Später wird das Papier entlang dieser Linien gefaltet. Dreh das Papier um, sodass sich die Linien auf der Rückseite befinden.

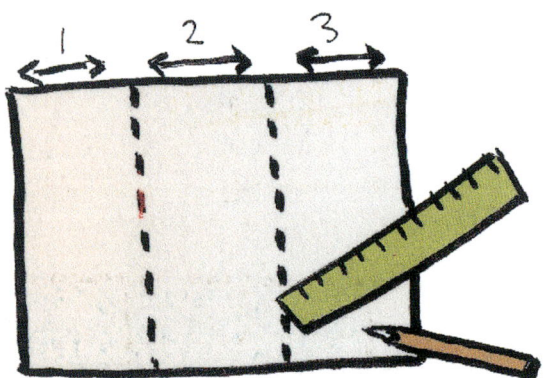

Die gestrichelten Linien unterteilen das Papier in drei gleich große Abschnitte.

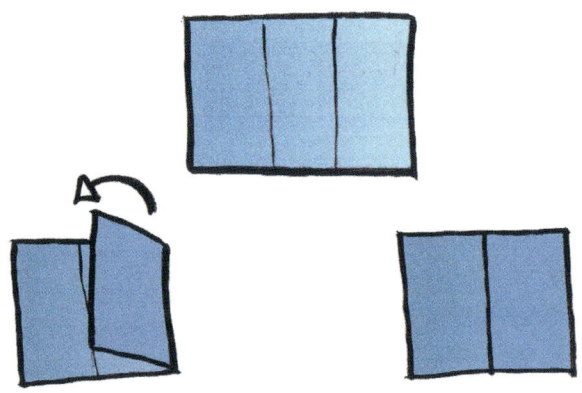

2 Auf die vor dir liegende leere Papierseite zeichnest du mit Bleistift die Unfallszene, die auf der gegenüberliegenden Seite abgebildet ist. Zeichne deinen Lkw auf einer abfallenden Linie, damit es aussieht, als ob er in voller Fahrt einen Hügel hinunterrasen würde. Achte darauf, dass der Lkw mehr als die Hälfte des Papiers einnimmt. Tipp: Du kannst das überprüfen, indem du dir die gestrichelten Linien auf der Rückseite ansiehst. Eines der Räder des anderen Fahrzeugs sollte durch die Luft fliegen. Außerdem solltest du noch einige ausdrucksstarke Zickzacklinien hinzufügen.

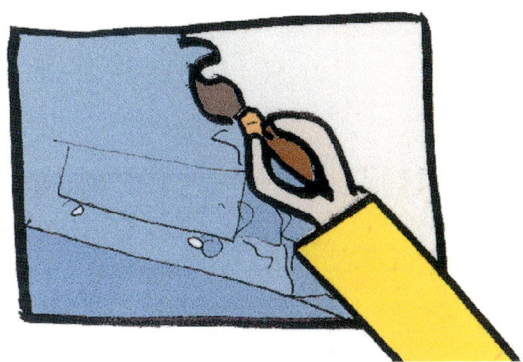

3 Als Nächstes verwendest du deine Plakatfarben, um dein Bild möglichst farbenfroh und schwungvoll aussehen zu lassen. Wenn du möchtest, kannst du die Farben von der Abbildung unten übernehmen.

4 So ungefähr sollte dein fertiges Bild aussehen. Für den Hintergrund verwendest du Dunkelblau oder Schwarz, damit es aussieht, als ob sich der Unfall mitten in der Nacht ereignen würde.

5 Warte, bis dein Bild trocken ist, und falte dann das rechte Drittel der Seite nach innen – entlang der zweiten gestrichelten Linie, die du anfangs gezeichnet hast. Der demolierte Teil des Lkws und das andere Fahrzeug sollten nun verdeckt sein. Auf der folgenden Seite siehst du, wie sich dein Lkw wie von selbst repariert!

Der letzte Schliff

6 Auf das weiße Feld deines gefalteten Papiers zeichnest du den vorderen Teil deines Lkws noch einmal. Aber dieses Mal fährt er völlig intakt den Hügel hinunter! Die Abbildung unten soll dir beim Zeichnen helfen. Achte darauf, dass die neue Trennlinie vorne sich genau an den hinteren Teil des Lkws anfügen lässt, den du bereits zuvor gezeichnet hast.

7 Jetzt kannst du dein neues Bild anmalen. Verwende dafür genau dieselben Farben wie zuvor, sodass beide Seiten deiner neuen Szene sich perfekt zu einem Bild zusammenfügen.

8 Damit man sieht, dass sich der Lkw in voller Fahrt befindet, malst du in den Himmel über dem Vorderteil des Lkws und im Bereich der Vorderräder mehrere weiße Linien.

9 Warte, bis die Farben getrocknet sind, dann wirst du sehen, wie sich dein Bild entfaltet ...

10 ... und der Lkw als Wrack erscheint!

Ein farbenprächtiges Feuerwehrauto in Collage-Technik

Das brauchst du:

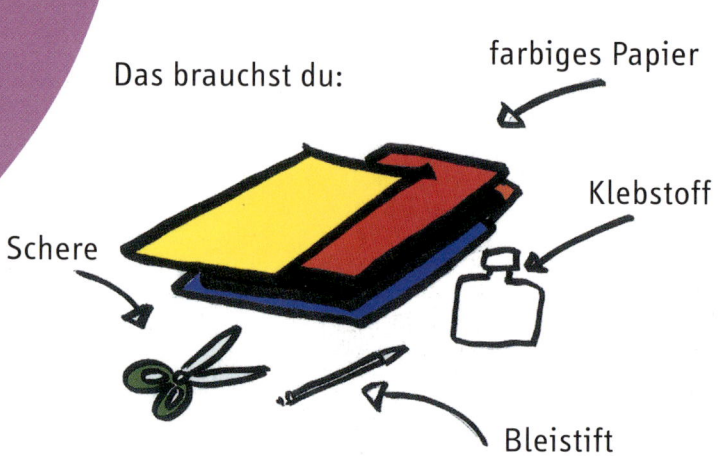

farbiges Papier

Klebstoff

Schere

Bleistift

Collagen bringen uns dazu, über die verschiedenen Formen nachzudenken, die ein Bild ausmachen. Tipp: Zeichne jede Form zuerst mit Bleistift, bevor du sie ausschneidest.

Und noch ein Tipp: Das Feuerwehrauto kommt am besten auf schwarzem Papier zur Geltung!

1 Schneide eine Windschutzscheibe aus weißem Papier und eine Motorhaube aus rotem Papier aus. Klebe die beiden Formen auf.

2 In Würstchenform schneidest du eine Stoßstange aus grauem Papier und das Dach aus rotem Papier aus.

3 Den Kühlergrill und zwei kleine Rechtecke als Seitenspiegel gestaltest du aus grauem Papier. Nimm blaues Papier für die Räder.

4 Die Lichter sind kleine Kreise aus gelbem Papier. Für die Lichter ganz oben schneidest du ein paar davon zu Halbkreisen.

5 Bilde Flammenformen aus verschiedenen Farbschichten.

rot   orange   gelb   weiß   eine mehrfarbige Flamme

6 Auf ein rotes Blatt Papier zeichnest du eine Zickzackform und schneidest die Mitte aus. Dann zeichne eine etwas größere Zickzackform auf blaues Papier und schneide sie aus. Die rote und die blaue Form bilden den Rahmen deines Bildes.

7 Klebe zuerst die rote Form als Rahmen auf dein Bild und dann die blaue darüber.

8 Damit man sieht, dass die Scheinwerfer aufleuchten, umrande sie mit ein paar dünnen Linien. Und schon ist deine farbenprächtige Collage fertig!

Ein Boot aus Seidenpapier

zwei Blatt Papier und viel Seidenpapier

Bleistift

schwarze Farbe oder Filzstift

Becher mit Wasser

Schere

Pinsel

Hättest du gedacht, dass man mit Seidenpapier malen kann? Es funktioniert tatsächlich, und zwar so:

1 Zuerst zeichnest du auf ein Blatt Papier die groben Umrisse deines Motivs. Das dient dir als nützliche Vorlage.

2 Dann schneidest du aus blauem Seidenpapier ein großes Rechteck für den Hintergrund aus. Lege es auf das zweite Blatt Papier.

3 Nimm einen Pinsel und befeuchte ihn mit Wasser. Streiche damit über das Seidenpapier, bis es gleichmäßig nass ist.

4 Danach ziehst du das Seidenpapier ganz vorsichtig ab. Auf deinem Blatt bleibt ein blauer, rechteckiger Abdruck zurück! Wow!

5 Jetzt machst du das Gleiche mit dem Boot. Schneide die Form aus dem braunen Seidenpapier aus und platziere sie auf deinem Blatt. Befeuchte das Seidenpapier erneut mit dem Pinsel und zieh es dann ab. Genau das Gleiche machst du mit den Segeln (zwei Dreiecke), der Sonne (gelber Kreis) und dem Anker.

6 Zum Schluss ziehst du mit einem schwarzen Filzstift bzw. schwarzer Farbe die Umrisse deines Motivs nach. Dadurch kommen die Kontraste stärker zur Geltung. Du kannst auf diesen Schritt jedoch auch verzichten.

Grußkarten

Das brauchst du:

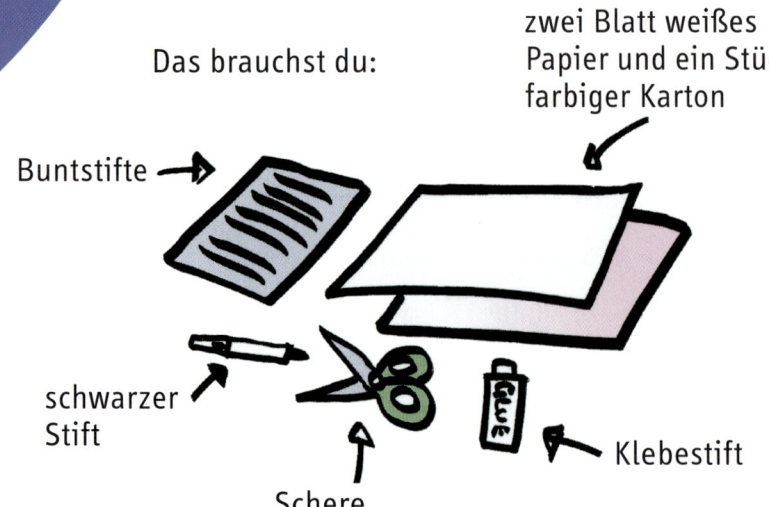

Buntstifte →

zwei Blatt weißes
Papier und ein Stück
farbiger Karton

schwarzer
Stift

Schere

Klebestift

**Es ist ganz leicht, Grußkarten zu gestalten.
Deine Familie und deine Freunde werden
tief beeindruckt sein!**

1 Nimm ein weißes Blatt Papier und zeichne
darauf mit schwarzem Kugelschreiber bzw. Filzstift vier kleine Kästchen. In jedes Kästchen
zeichnest du ein Motiv, das zum jeweiligen
Anlass passt. Wenn du z. B. eine Grußkarte
anlässlich des ersten Geburtstages eines Kindes
machen willst, dann eignen sich als Motiv ein
Kinderwagen, Bauklötze, ein Kuchen und ein
Schaukelpferd.

Male die Zeichnungen mit den Buntstiften farbig
an und schneide das gesamte Quadrat mit der
Schere aus.

2 Jetzt nimmst du den farbigen Karton und faltest ihn vorsichtig
in der Mitte. Lege ihn so hin, dass er zur rechten Seite offen ist.

3 Mit dem Klebestift klebst du das Bilderquadrat auf die Vorderseite des farbigen Kartons.

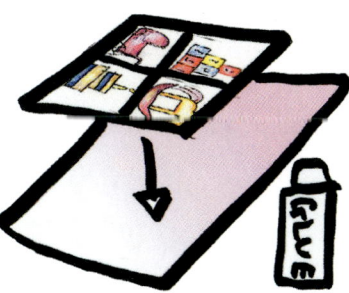

4 Auf das zweite Blatt Papier schreibst du deine Grußbotschaft (hier z. B. „Alles Gute zum 1. Geburtstag"). Male sie farbig an, schneide sie aus und klebe sie oben auf deine Karte.

Einfach cool! So schnell und leicht kannst du eine Grußkarte basteln, die auch noch super aussieht!

Hier sind noch ein paar Ideen:

Eine Meerjungfrau als Tischset

Das brauchst du:

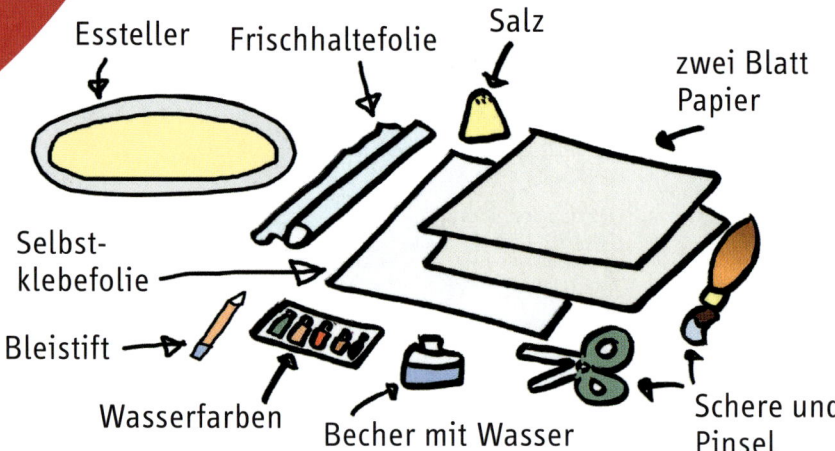

Essteller Frischhaltefolie Salz zwei Blatt Papier

Selbstklebefolie Bleistift Wasserfarben Becher mit Wasser Schere und Pinsel

1 Zeichne die Umrisse deiner Meerjungfrau ganz zart mit Bleistift auf.

2 Male den Körper in einer blassen, hautfarbenen Wasserfarbe an.

3 Den gesamten Schwanz malst du gelb an und fügst – während die Farbe noch feucht ist – etwas Rot und Orange dazu. Dann streust du etwas Salz auf den Schwanz.

4 Sobald Farbe und Salz trocken sind, wischst du das Salz ab. Ein supercooler Effekt: Der Schwanz hat Schuppen bekommen!

5 Nun malst du das Haar braun an und das Bikini-Oberteil rot.

6 Sobald alle Farben trocken sind, schneidest du die Meerjungfrau aus.

7 Nimm jetzt das andere Blatt Papier zur Hand und feuchte es mit dem Pinsel an, bevor du die blaue Farbe aufträgst. Hol etwas Frischhaltefolie aus der Küche und lege sie auf das feuchte Papier.

8 Lass die Folie liegen, bis die Farbe trocken ist. Wenn du die Frischhaltefolie jetzt abziehst, dann hinterlässt sie ein tolles Wellenmuster auf dem Papier!

9 Lege einen Teller auf dein blaues Blatt und zeichne seine Umrisse nach. Stell den Teller wieder beiseite und nimm den gezeichneten Kreis als Vorlage für dein Tischset.

10 Zum Schluss legst du deine Meerjungfrau auf den blauen Kreis. Klebe die selbstklebende Folie darauf, schneide die Kanten ab ... und fertig ist dein neues Meerjungfrau-Set! Wenn du möchtest, kannst du es zusätzlich noch auf einen dicken Karton oder eine Korkplatte aufziehen.

Basteln und Gestalten: Zusammenfassung

In diesem Kapitel hast du einen Einblick erhalten, wie du auf wirklich kreative Art Bastelarbeiten und sehr persönliche Geschenke anfertigen kannst. Ich habe dir gezeigt, was man mit Seidenpapier, Karton, Papier und Farbe alles anstellen kann. Jetzt ist es an dir, deiner Fantasie freien Lauf zu lassen und sämtliche Materialien einzusetzen, die du in die Hände kriegst!

Versuch beispielsweise mal, bei dem stacheligen Igel von Seite 86 die Druckformen aus Karton durch Kartoffelstücke zu ersetzen. Bitte einen Erwachsenen, dir beim Ausschneiden der Kartoffelformen zu helfen.

Oder kreiere eine umweltfreundliche Collage, indem du gebrauchtes Geschenkpapier, farbigen Karton oder andere bunte Materialien wiederverwendest. Wie wäre es zum Beispiel mit einer Weltraumrakete (siehe Seite 82), die ganz aus Recycling-Material besteht?

Malen lernen

Eine Blume aus Wasserfarben

Das brauchst du:

Wasserfarben

dickes Aquarell-
oder Zeichenpapier

Gefäß mit
Wasser

Pinsel

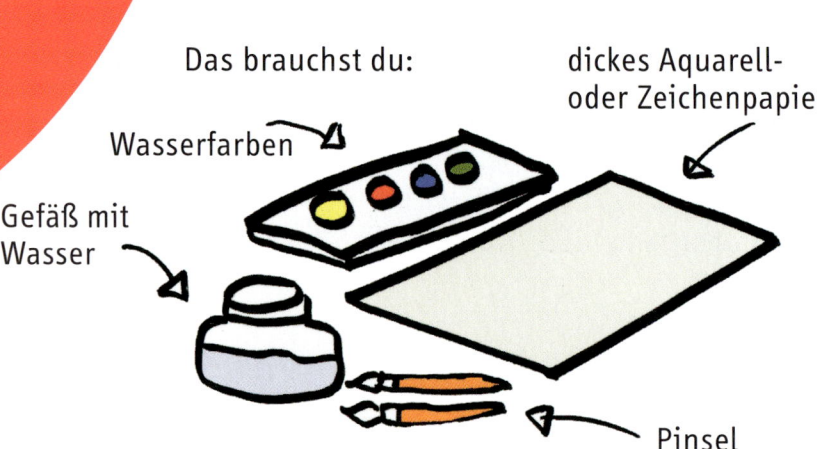

1 In diesem Kapitel beschäftigen wir uns zuerst mit Wasserfarben. Das Tolle an diesen Farben ist, dass du durch Mischen verschiedener Farbtöne einmalige Schattierungen zaubern kannst. Wie du auf dem Blumenbild der gegenüberliegenden Seite siehst, erhält man durch das Auftragen von nasser Farbe auf eine noch feuchte Farbe unzählige Farbnuancen.

Gelb	+ Rot	+ Violett

Rot	+ Blau	+ Gelb

Blau	+ Gelb	+ Violett

2 Entscheide dich als Erstes für eine Grundfarbe (ich habe hier Gelb verwendet) und trage sie auf dein Blatt Papier auf. Achte darauf, dass sie ziemlich wässrig ist. Solange die Farbe noch feucht ist, trägst du sofort eine weitere Farbe auf, dann noch eine. Das Ergebnis ist ein Kaleidoskop aus Farben und Schattierungen. Diese Technik eignet sich besonders gut, wenn du etwas mit vielen Farbabstufungen malen möchtest.

Lass etwas Platz frei, wenn du mehrere nasse Farben übereinander aufträgst. Sonst fließen alle über das ganze Blütenblatt.

Die Mitte der Blüte setzt sich aus Gelb plus Rot plus Violett zusammen.

Die Grundfarbe ist Gelb. Darauf kommt ein helles Rot.

Beginne mit Gelb und trage danach Blau und Grün auf.

Beginne wieder mit Gelb, danach fügst du Orange und Braun hinzu.

Äffchen im Dschungel mit Gouache-Farben

Das brauchst du:

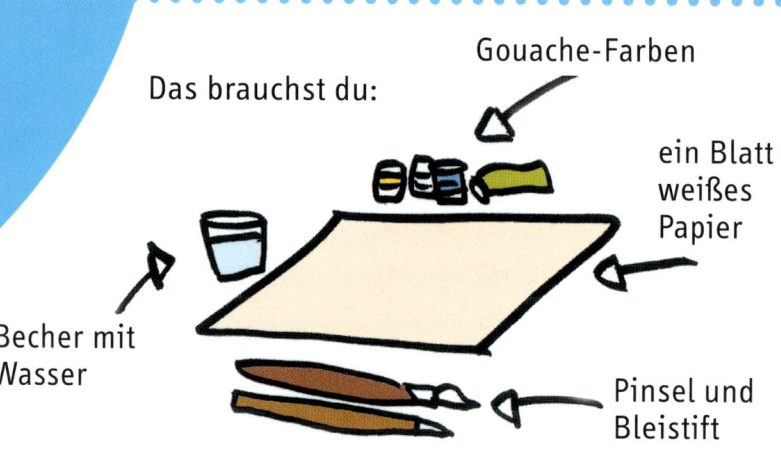

Gouache-Farben

ein Blatt weißes Papier

Becher mit Wasser

Pinsel und Bleistift

Auf Seite 52 hast du bereits gelernt, wie man Äffchen zeichnet. Jetzt wollen wir sie auch noch malen! Mit Gouache-Farben erzielst du eine schöne matte Farbgebung. Du kannst aber auch problemlos andere Farben verwenden.

1 Zeichne zunächst deine Dschungelszene mit einigen Affen vor. Fülle dabei die ganze Seite mit Blattwerk, Lianen und Zweigen aus.

2 Male den Hintergrund hellgrün an und spare die gezeichneten Linien aus.

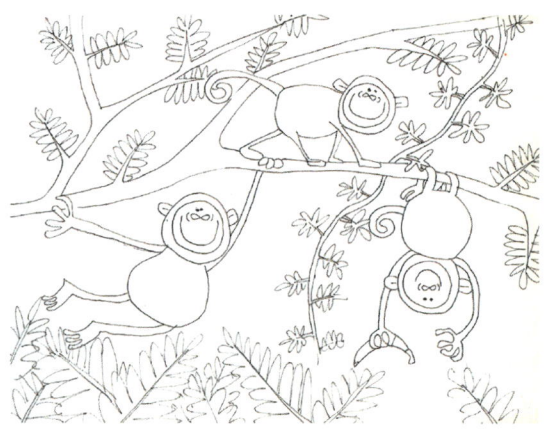

3 Die Zweige malst du in Hellbraun an.

4 Für die Lianen und Blätter verwendest du unterschiedliche Grün- und Brauntöne.

5 Wenn du mit deinem Hintergrund zufrieden bist, dann mache mit den Äffchen weiter. Ich habe ihre Körper in einem kräftigen Dunkelbraun angemalt, damit sie sich vom Hintergrund besser abheben.

6 Die Gesichter malst du in Hautfarbe an. Wenn du keine geeignete Farbe zur Hand hast, dann mische einfach Braun mit etwas Weiß und einer Spur Rosa.

7 Sobald die Gesichter getrocknet sind, malst du deinen Äffchen mit der Pinselspitze Maul, Nase und Augen auf. Wenn du keinen feinen Pinsel zur Verfügung hast, dann tut es auch ein Buntstift.

Ein Monster mit Acrylfarben

Das brauchst du:

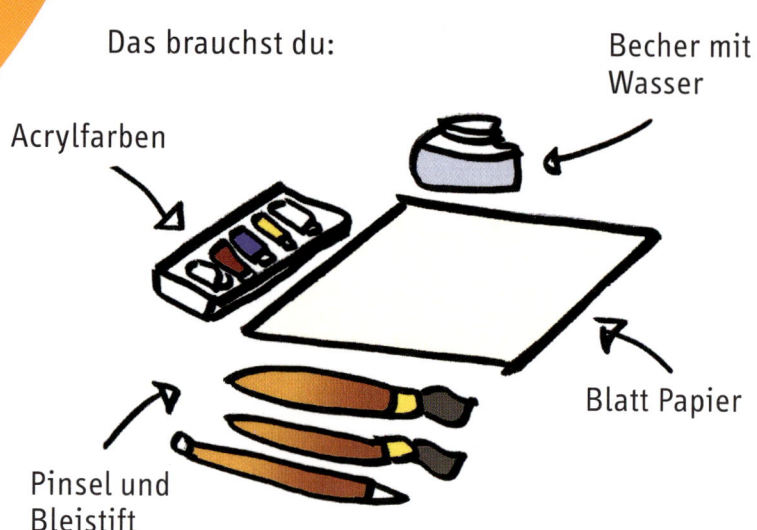

Becher mit Wasser

Acrylfarben

Blatt Papier

Pinsel und Bleistift

1 Das Tolle an Acrylfarben ist, dass man sie – solange sie noch nass sind – mit Mustern verzieren kann. Und weil sie so dickflüssig sind, kannst du viele Farben übereinander auftragen, ohne das ganze Bild zu verschmieren.

2 Ich möchte dir zeigen, wie ein Monster aus Acrylfarben entsteht. Zuerst zeichnest du mit Bleistift die Umrisse des Körpers. Dann trägst du eine dicke Schicht blaue Acrylfarbe auf. Solange sie noch feucht ist, ritzt du mit dem Pinsel-stiel kleine Linien in die Far-be. Diese werden weiß, weil das Papier darunter durch-scheint.

3 Als Nächstes malst du Arme, Beine, Augen und Maul in Gelb. Das geht einfacher, wenn du alles zuerst mit Bleistift vorzeichnest.

4 Jetzt malst du den Hintergrund rot an. Sobald er getrocknet ist, bedeckst du ihn mit weißen Tupfen. Das kannst du nur mit Acrylfarben machen – deswegen male ich so gerne mit ihnen! Du kannst beliebig viele Farben übereinander malen.

5 Zum Schluss vervollständigst du mit Schwarz noch die Augen und fügst beliebige andere Details hinzu wie die blauen Pünktchen auf den weißen Tupfen.

Eine Landschaft mit Ölfarben

Das brauchst du:

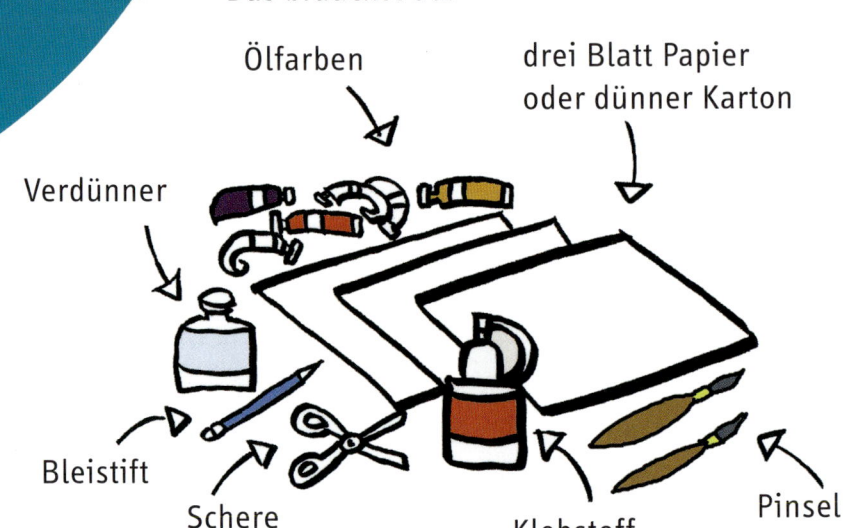

Ölfarben

drei Blatt Papier oder dünner Karton

Verdünner

Bleistift

Schere

Klebstoff

Pinsel

Bei diesem Gemälde lernst du eine Landschaft zu malen. Im Gegensatz zu unserem Landschaftsbild mit Wasserfarben von Seite 24 verwenden wir dazu Ölfarben sowie drei Blatt Papier, um dem Bild mehr Tiefe zu verleihen.

1 Auf das erste Blatt Papier malst du den Himmel und die Hügel in der Ferne ohne viele Details.

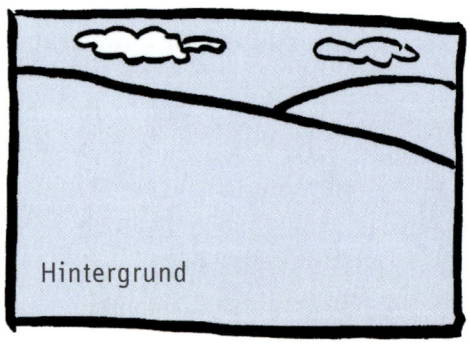

Hintergrund

2 Auf das zweite Blatt Papier malst du kleinere, weiter vorn liegende Hügel mit ein paar Bäumen. Sie können schon etwas mehr Details vertragen. Sobald das Bild trocken ist, schneidest du es aus.

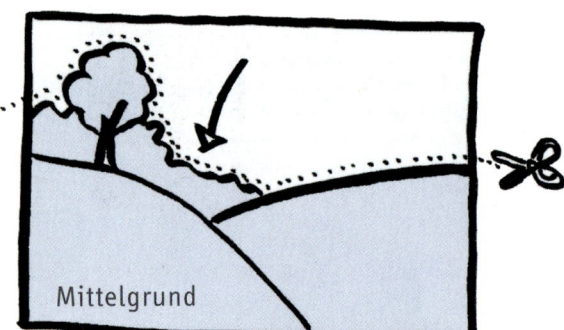

Mittelgrund

3 Auf das dritte und letzte Blatt Papier malst du die „Nahaufnahme" eines Hügels mit einem Tier oder ein paar Blumen. Ich habe z. B. Schafe hinzugefügt. Auf diesem Blatt sollten möglichst viele Details zu sehen sein. Warte, bis es trocken ist und schneide es dann aus.

4 Lege nun deine beiden ausgeschnittenen Bilder auf den Hintergrund. Sofort bekommt das Gemälde räumliche Tiefe und Perspektive. Ein ganz einfacher, aber wirkungsvoller Trick!

Die drei Schichten zusammen erzeugen Tiefe.

Im Hintergrund gibt es nur wenige Details.

Gib jedem Hügel eine andere Farbe und Struktur.

Im Vordergrund des Bildes sind die meisten Details zu sehen.

Allerlei Krabbeltiere

Das brauchst du:

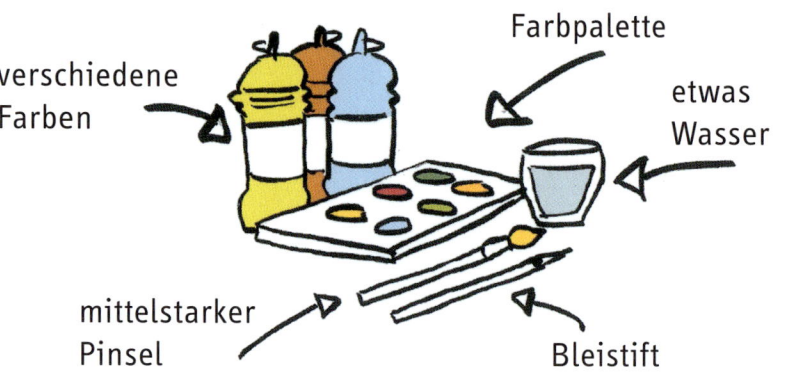

verschiedene Farben · Farbpalette · etwas Wasser · mittelstarker Pinsel · Bleistift

Wir malen jetzt etwas ganz Einfaches –
eine Schnecke! Du brauchst dafür nur
ungefähr fünf Sekunden! Und es geht
ganz leicht!

1 Fang mit dem Schneckenhaus an. Du beginnst in der
Mitte und malst eine kreisför-
mige Spirale nach außen.

2 Dann folgt der Körper.
Er sieht wie ein spitz zulau-
fendes Würstchen aus.

3 Zum Schluss fügst du noch
die Fühler hinzu. Dafür malst
du einfach ein großes „V".

Du hast jetzt die Grundform gezeichnet und kannst nun das Schneckenhaus mit witzigen Mustern verzieren. Hier einige Beispiele:

ein getupftes Schneckenhaus

ein gestreiftes Schneckenhaus

ein einfarbiges Schneckenhaus

Sobald du diese Technik beherrschst, kannst du dich an jede Art von Krabbel- und Flattertieren heranwagen …

Für eine Kellerassel verzichtest du auf das Schneckenhaus und zeichnest unzählige winzige Beinchen auf beiden Seiten des Körpers.

Eine Nacktschnecke ist supereinfach: nur das Schneckenhaus weglassen – fertig!

Bei einem Schmetterling lässt du das Schneckenhaus nicht weg, sondern zeichnest noch ein weiteres auf die andere Körperseite.

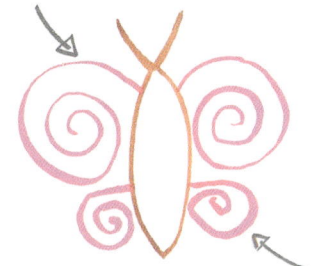

Danach fügst noch zwei kleinere am hinteren Teil deines Schmetterlings an.

Eine goldige Katze mit Wasserfarben

Wie bei der Blume auf Seite 105 werden auch hier Wasserfarben miteinander gemischt. Doch diesmal fließen die Farben ineinander, sodass die Katze weich und knuddelig aussieht. Ein süßes Kätzchen zum Schmusen!

Das brauchst du:

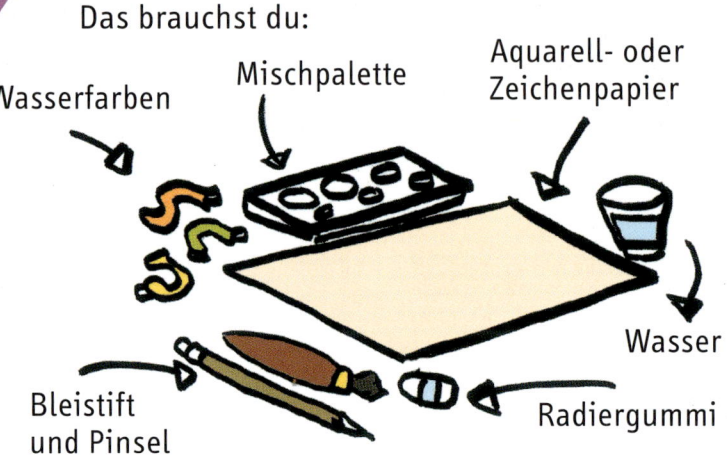

Wasserfarben · Mischpalette · Aquarell- oder Zeichenpapier · Wasser · Radiergummi · Bleistift und Pinsel

1 Zeichne die groben Umrisse einer Katze auf dein Papier.

2 Radiere die Bleistiftlinien an den Stellen aus, an denen verschiedene Körperteile aufeinandertreffen (siehe Abbildung).

3 Tauche deinen Pinsel in Wasser ein und „male" damit die Katze an. Aber nur mit Wasser!

4 Trage nun auf einen Teil des nassen Papiers gelbe Farbe auf. Danach malst du die übrigen Teile mit Rot an. Du wirst sehen, dass die beiden Farben ineinanderfließen und tolle Farbeffekte erzielen.

5 „Male" nur mit Wasser um die Katze herum. Lass dabei aber immer einen gewissen Abstand zum Körper, damit die Farben innen und außen nicht ineinander fließen können.

6 Trage auf den nassen Hintergrund blaue Farbe auf.

7 Danach malst du mit Grün und Gelb darüber.

8 Warte, bis die Farben vollständig getrocknet sind, bevor du mit brauner Farbe das Gesicht und die Schnurrhaare aufmalst. Fertig ist dein Stubentiger!

Ein niedliches Ferkelchen mit Ölfarben

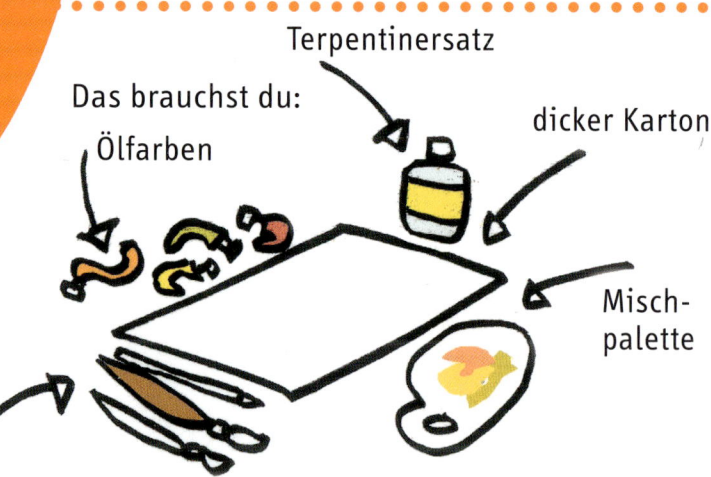

Das brauchst du:
Terpentinersatz
dicker Karton
Ölfarben
Misch-palette
Pinsel und Bleistift

1 Zeichne mit dem Bleistift ein dickes, freundliches Schweinchen auf den Karton.

2 Male den Hintergrund mit einem dicken Pinsel in beliebigen Schattierungen aus Grün, Gelb und Blau an.

3 Nun mischst du etwas Orange mit Rosa und malst damit den Körper an. Dazu verwendest du am besten einen dünneren Pinsel. Mit etwas Gelb hebst du das Hinterteil des Schweinchens leicht hervor!

4 Für das Gesicht verwendest du Orange und Rosa.

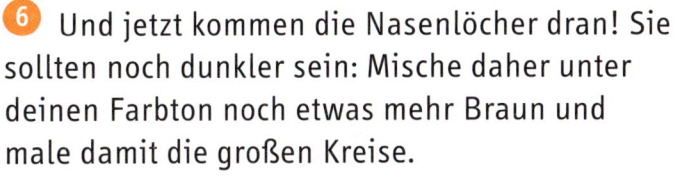

5 Mische dem hautfarbenen Ton etwas Braun hinzu, bis du mit der Schattierung zufrieden bist. Danach malst du die Nase und die Beine mit den Schweinsfüßchen.

6 Und jetzt kommen die Nasenlöcher dran! Sie sollten noch dunkler sein: Mische daher unter deinen Farbton noch etwas mehr Braun und male damit die großen Kreise.

7 Tauche einen trockenen, sauberen Pinsel in braune Farbe und tupfe damit einige Kreise auf den Körper des Schweinchens, damit es aussieht, als ob es sich im Schlamm gesuhlt hätte. Zum Schluss malst du die Augen in Dunkelbraun oder Schwarz. Vergiss den lustigen Ringelschwanz nicht!

Eine Zugfahrt durchs Gebirge

Das brauchst du: ein Blatt dickes Papier

Becher mit Wasser

Mischpalette

Pinsel und Bleistift

Acrylfarben

Für diese farbenfrohe Landschaft brauchst du lediglich vier Farben: Blau, Rot, Gelb und Weiß! Wenn du nicht mehr weißt, wie man Primärfarben mischt, dann schaue auf Seite 18 und 19 nach.

1 Zeichne deine Landschaft zuerst mit dem Bleistift – und vergiss den Zug nicht!

2 Mische Blau mit Gelb und male damit das Gras in einem satten Grün an.

3 Um einen dunkleren Farbton zu erhalten, mischst du dem Grün einfach etwas mehr Blau bei. Fang damit bei dem Berg auf der rechten Seite an. Arbeite dich vom Fuß des Berges nach oben. Je näher du der Spitze kommst, desto mehr Weiß sollte deine Farbe enthalten.

4 Jetzt machst du mit dem Berg links von der Sonne weiter. Er sollte heller wirken als der Berg rechts, damit es aussieht, als ob er weiter entfernt läge. Der Berg dahinter sollte noch ein bisschen blasser sein. Danach mischst du etwas Gelb mit einer Spur von Rot und malst damit die Sonne aus.

5 Als Nächstes widmest du dich dem Himmel. Füge der gelben Farbe etwas Rot hinzu sowie eine winzige Spur von Weiß. Dadurch sieht der Himmel leicht bewölkt aus. Ein spektakulärer Sonnenuntergang!

6 Den Fluss malst du, indem du Blau mit etwas Weiß mischst. Im Vordergrund deines Bildes sollte der Fluss leicht dunkler sein als in seinem weiteren Verlauf: Dazu fügst du einfach etwas mehr Weiß hinzu. Die braune Brücke entsteht, wenn du Blau, Gelb und Rot miteinander mischst.

7 Male vorsichtig einen blauen Streifen entlang des Zuges und warte, bis er getrocknet ist. Danach fügst du etwas Weiß hinzu. Mit deinem dünnsten Pinsel malst du noch kleine Rechtecke und Linien auf deinen Zug, um Fenster und Türen anzudeuten. Los geht's!

Ein lustiger, knallbunter Elefant

Das brauchst du:

Plakat-, Wasser- oder Acrylfarben (was immer du magst!)

Becher mit Wasser

ein Blatt dickes Papier oder Karton

Pinsel und Bleistift

Das Gute an Elefanten ist, dass sie so groß sind: Es macht Riesenspaß, den Elefantenkörper in verrückten oder hippen Farben anzumalen und zu verzieren. Du musst dich natürlich nicht an meine Vorschläge halten. Nutze deine Fantasie und denk dir selber coole Muster aus!

1 Zuerst zeichnest du deinen Elefanten mit Bleistift auf (falls nötig, sieh auf Seite 46 nach).

2 Danach verzierst du den Körper deines Elefanten mit lauter Sternchen.

3 Male mit gelber Farbe um die Sternchen herum.

4 Reinige den Pinsel und tauche ihn dann in rote Farbe, um damit die Sterne auszufüllen.

5 Jetzt kommen die Ohren dran. Ich habe mich für Halbkreise in Halbkreisen entschieden. Aber du kannst deiner Fantasie freien Lauf lassen. Falls du ein kompliziertes Muster gewählt hast, dann zeichne es lieber mit Bleistift vor.

6 Der Kopf meines Elefanten ist mit lauter winzigkleinen Kreisen übersät und seinen Rüssel zieren verschieden große Pfeile.

Schau auf der nächsten Seite nach, wie es mit dem lustigen Elefanten weitergeht!

Der letzte Schliff

7 Ich habe den Kopf meines Elefanten orange angemalt und dabei die kleinen Kreise ausgespart. Nach einigem Überlegen entschloss ich mich dann, diese Kreise gelb anzumalen. Zum Schluss habe ich den Rüssel abwechselnd in Gelb und Orange angemalt.

8 An dieser Stelle könntest du dein Gemälde bereits beenden. Viel mehr Spaß macht es jedoch, wenn du weitermachst! Tauche einen sauberen Pinsel in blaue Farbe und verziere die Umrisse deines Elefanten mit winzigen Pünktchen. Wenn du den ganzen Elefanten einmal umrundet hast, fängst du noch mal von vorne an!

9 Wiederhole das Ganze in einem helleren Blauton bzw. in Grün und wechsle die Farbe, wann immer du willst, bis die ganze Seite mit bunten Pünktchen übersät ist. Schließlich umrandest du noch die Konturen deines Elefanten mit schwarzer Farbe.

10 Für den letzten Schritt reinigst du erneut deinen Pinsel und tauchst ihn in Orange. Male mit der Pinselspitze lauter Punkte auf die noch freien Stellen. Dann umrahmst du dein Gemälde mit einem dicken, orangefarbenen Streifen. Schaffst du es, einen noch verrückteren Elefanten zu malen als diesen hier?

Eine Schildkröte mit Acrylfarben

Das brauchst du:

Acrylfarben

Mischpalette

Becher mit Wasser

ein Blatt Papier

ein dicker und ein dünner Pinsel sowie ein Bleistift

Mit Punkten kann man tolle Sachen machen. Sie verleihen einem Bild den gewissen Kick, machen Spaß und sind ganz einfach!

1 Zeichne die Schildkröte mit Bleistift vor. Danach malst du mit deinem dicken Pinsel die großflächigen Bereiche aus.

2 Tauche den dünneren Pinsel in ein kräftiges Gelb und umrande die Umrisse deiner Schildkröte mit zarten Tupfen.

3 Dein Bild sollte jetzt ungefähr so aussehen.

4 Nach ein paar Runden mit Gelb wechselst du die Farbe, nimm beispielsweise Orange oder Rot. Das machst du, bis der ganze Hintergrund bedeckt ist.

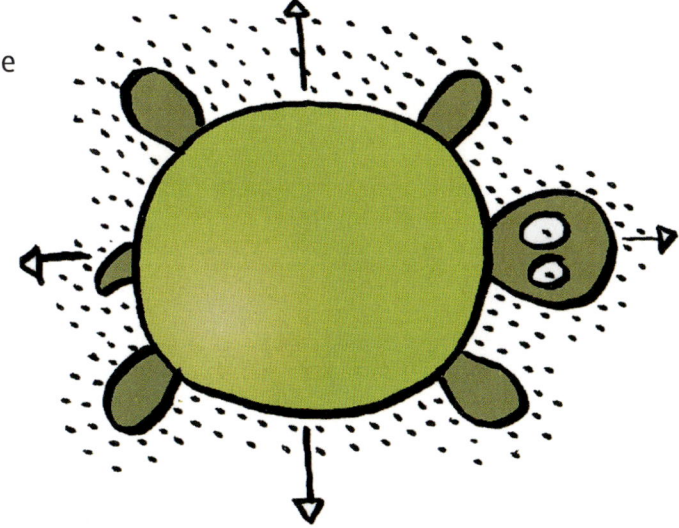

5 Jetzt kommt der Panzer dran. Trage die Tupfen in kreisförmigen Spiralen auf, die wie Mini-Wasserstrudel aussehen. Verwende unterschiedliche Farben, bis der ganze Schildkrötenpanzer damit bedeckt ist.

6 Zum Schluss fügst du noch einige zusätzliche Punkte hinzu, und zwar an den Stellen, die es deiner Meinung nach nötig haben, z. B. im Bereich der Augen.

Das Ungeheuer von Loch Ness mit Wasserfarben

Das brauchst du:

Wasserfarben

dickes Aquarell-
oder Zeichenpapier

Becher mit
Wasser

Pinsel

1 Beginne mit dem See. Dafür befeuchtest du zuerst die Teile deines Papiers, die du bemalen möchtest, bevor du die blaue Farbe aufträgst. So kannst du den See in unterschiedlichen Blautönen gestalten und ihm zusätzlich Tiefe verleihen.

2 Beim Himmel gehst du genauso vor: Erst machst du die entsprechende Fläche nass und trägst dann die Wasserfarbe auf. Für die Berge lässt du einen zickzackförmigen Bereich frei. Um wirklich echt aussehende Wolken zu erhalten, nimmst du ein Stück Stoff, zerknüllst es in der Hand und tupfst damit den noch feuchten blauen Himmel ab.

3 Jetzt malst du deine Berge grün an. Denk daran: Je weiter entfernt sie liegen, umso heller sollte das Grün sein, das du verwendest.

4 Sobald der See ganz trocken ist, tauchst du deinen Pinsel in eine kräftige, gelblich-weiße Farbe. Nimm nicht zu viel Wasser, weil die Farbe richtig dick aufgetragen werden soll. Male damit drei Bogen, einen langen Schlangenhals und den Kopf von Nessie.

5 Wenn auch dies trocken ist, fügst du der Wasserfarbenmischung etwas Braun hinzu und gehst damit erneut über das Ungeheuer.

6 Zum Schluss fährst du mit einem dünnen Pinsel und kräftiger, brauner Farbe die Konturen des Ungeheuers von Loch Ness nach. Jetzt fehlen noch Maul und Augen – und vielleicht willst du Nessie ja auch noch ein paar Schuppen verpassen. Dafür malst du einfach viele kleine „u" auf den ganzen Körper.

Eine Schafherde mit Wattestäbchen

Das brauchst du:

beliebige Farben · farbiges Papier · schwarzer Stift · Untertasse · Wattestäbchen · Schere · Klebstoff

Denke daran, dass du zum Malen nicht unbedingt einen Pinsel benötigst. Ich zeige dir in diesem letzten Beispiel, wie du anstelle eines Pinsels Wattestäbchen zum Malen verwenden kannst!

❶ Zuerst fertigst du eine Collage für den Hintergrund an. Schneide mit der Schere einen gelben Kreis für die Sonne aus und klebe ihn auf ein Blatt blaues Papier.

❷ Aus grünem Papier schneidest du dann einen kleinen Hügel aus. Klebe ihn in die untere rechte Ecke deines Blattes, sodass er die Sonne leicht überlappt.

3 Nun schneidest du einen etwas größeren grünen Hügel aus und klebst ihn in die untere linke Ecke deines Blattes.

4 Danach schneidest du aus braunem Papier zehn kleine Baumstämme aus und klebst sie wie oben abgebildet auf dein Bild.

5 Die Sonnenstrahlen werden aus gelbem Papier ausgeschnitten und aufgeklebt. Und jetzt geht's ans Malen!
Gib auf die Untertasse je einen Klecks von der hell- bzw. dunkelgrünen Farbe. Tauche ein Wattestäbchen in die hellgrüne Farbe ein und tupfe damit auf einen Baumstamm. Mach weiter, bis eine große Baumkrone aus Wattestäbchen-Klecksen entstanden ist. Danach nimmst du ein frisches Wattestäbchen und wiederholst das Ganze mit der dunkelgrünen Farbe so lange, bis alle Stämme eine Baumkrone haben.

6 Jetzt gibst du etwas weiße Farbe auf die Untertasse, tauchst wieder ein Wattestäbchen ein und malst damit die Schafe auf dem Hügel. Sie sollen wie kleine, flauschige Wölkchen aussehen.

Auf der nächsten Seite siehst du, wie deine Schafherde aussieht, wenn sie fertig ist!

Der letzte Schliff

7 Mische einen Klecks Blau unter die weiße Farbe auf deiner Untertasse, sodass ein bläulich-weißer Farbton entsteht. Mit einem frischen Wattestäbchen malst du dann ein paar längliche Schäfchenwolken auf Sonne und Himmel.

8 Dann folgt etwas ganz Einfaches. Verpasse dem hinten liegenden Hügel ein lustiges Punktmuster mit gelber Farbe.

9 Zum Schluss ergänzt du die Schäfchen entweder mit schwarzer Farbe oder einem schwarzen Marker mit Strichbeinen und ovalen Köpfen. Und schon ist sie fertig – deine ganz persönliche Schafherde zum Knuddeln! Probiere auch mal, die gleiche Szene mit Bären, Katzen oder anderen Felltieren zu gestalten!

ISBN 978-3-7724-5295-6

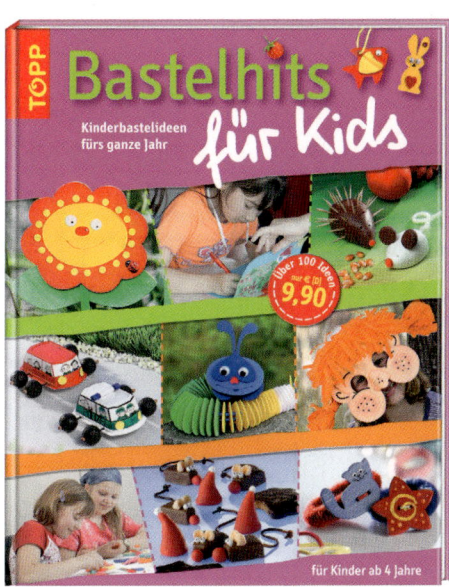

ISBN 978-3-7724-5131-7

ISBN 978-3-7724-5293-2

ISBN 978-3-7724-5048-8

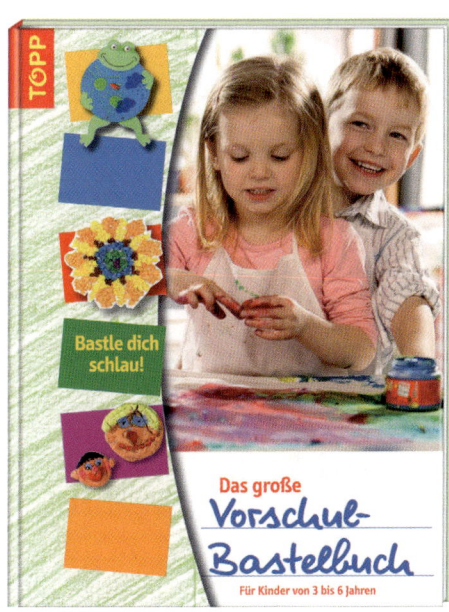

ISBN 978-3-7724-5721-0

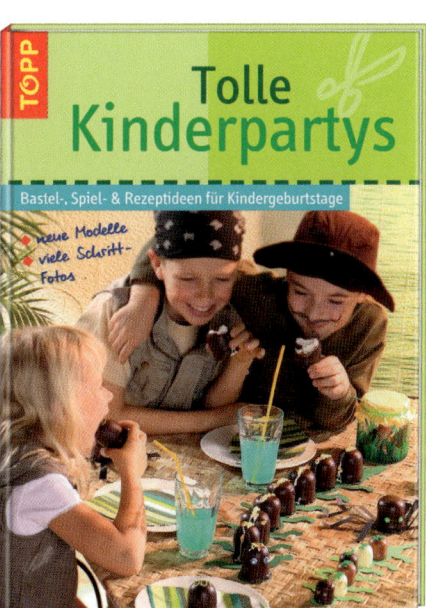

ISBN 978-3-7724-5220-8

IMPRESSUM

Erstmals veröffentlicht 2009 unter dem Titel *Fun with Art* von Arcturus Publishing Limited, 26/27 Bickels Yard, 151–153 Bermondsey Street, London SE1 3HA

Copyright © 2009 Arcturus Publishing Limited

© der deutschen Ausgabe 2009 frechverlag GmbH, 70499 Stuttgart

Übersetzung: Ade Team Übersetzungen
Lektorat: NAU – Werbung & Kommunikation
Produktmanagement: Nicole Wehner
Titelseitengestaltung: Petra Theilfarth
Layout: Karoline Steidinger
Druck und Bindung: Neografia, Slowakei

ISBN 978-3-7724-6090-6
Best.-Nr. 6090

Auflage: 5.   4.   3.   2.   1.
Jahr: 2013   2012   2011   2010   2009   [Letzte Zahlen maßgebend]

© 2009 frechverlag GmbH, 70499 Stuttgart

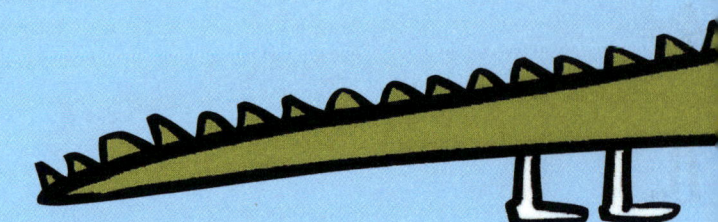